7日間で自分で決められる人になる

根本裕幸

サンマーク出版

この世には、ふたつの島があります。

ひとつは、

「自分で決められない島」

自分で決められない島には
自分で決められない人たちが住んでいます。

自分で決められない人たちは
常に周りの意見や評価を気にして
ビクビクしながら生きています。

何かを決めても
少しでも誰かに反対されたら
すぐに自信をなくしてしまいます。

自分で決められない人たちは
自分で決めていないので、
失敗したら誰かのせいにし、
「こうすればよかった」と
後悔します。

この世の中は失敗をせずに
生きていくことはできないので、
自分で決められない島では
誰かの不平不満で溢れています。

もうひとつは

「自分で決められる島」です。

自分で決められる島には
自分で決められる人たちが住んでいます。

自分で決められる人たちは
周りに意見を求め参考にしますが、
最終的には自分で決めます。

たとえ誰かに反対されても
「それでも私はこうしたい」と
自分を貫きます。

自分で決められる人は
失敗したら
自分の責任だと思うので、
後悔ではなく反省し
次に活かして前に進みます。

成功したら意見をくれた人に感謝をして
成功を一緒に喜びます。

自分で決められる島は
感謝と思いやりで溢れています。

自分で決められる島の人たちは言います。

「自分で決めたらいいんだよ！ こっちの島においで！」

「ほんとうは何がやりたいの？」

「直感で自分が好きな方に決めなよ！」

でも、「自分で決められない人」は
「自分の好きな方に決めなよ」と
言われても困ります。

「決められない人」は「決められる島」に
行きたいと思いますが、
その方法を知らないのです。

「自分で決められる人」は生まれながらにして
「自分で決められる島」にいた人たちですから
島へのわたり方を教えられません。

この本は
今まで誰も教えてくれなかった
「自分で決められない島」の人が
「自分で決められる島」に
7日間でわたる
そんな方法を書いた本です。

なんで、「自分で決められる島」にわたる方法を
教えられるのかって？

それは著者の私自身が、
決められない人だったからです。

はじめに

朝起きて、「よし、〇〇にしよう！」と決める。昨日まで散々迷ったけど、今日こそは、前に進むぞ……意気揚々と家を出る。

そんな勢いも束の間。会社に行って上司の不機嫌そうな顔を見たら、「やっぱりやめといた方がいいかな……」と不安になってくる。同僚に聞いてみると「こっちの方がいいんじゃない？」と言われた。そういえば前に友達だって……。朝、あんなにかたく決意したのに、昼にはもう自信ない……。

ああ、なんで私はこんなに迷ってばかりなんだろう……。

この本は、そんな

・他人の意見が気になりすぎて自分で決められない
・少しでも反対されるとすぐ自信がなくなる
・ウダウダしている自分が嫌いになってくる
・いっそのこと他人に決めてもらった方がラク

という人に向けて書きました。

私自身、かつては決められない人でした。


「失敗したらどうしよう……」

「あの人ももう少し準備してからの方がいいって言ってたしな……」

20年前。企業のSEとして働きながら、カウンセラーの仕事も少しずつ始めていた頃。

カウンセラー一本で生きていきたいと思った私は、一度退職届を会社に出しますが、こんな思いが頭の中をグルグルとかけめぐり、会社は退職を認めてくれたにもかかわらず、退職届を撤回します。

退職を撤回したあと、上司や先輩から「こいつは一度決めたことをくつがえす弱い奴だ」と思われているんじゃないか、とビクビクしていました。

また、会社に迷惑をかけたという罪悪感も強く、それを挽回しようと何とか頑張ろうともがいていました。もちろん、ますます自分のことが嫌になりました。

自分には決断力がない。一度決断してもそれを押し通すだけの強さがない。つまりは、決められない情けない奴なんだ、とずっと思い続けていました。

そこで、自分に自信をつけるため自己啓発書を読み漁りました。

それらの本に書かれていたことは、簡単に言うと「行動しろ」でした。失敗してもいいから、行動しろ。行動しなければ何も変わらない、と。本を読んだあとは、やる気になるのですが、結局失敗してもいいと思えず、行動できませんでした。そして、行動できない自分がまた嫌になるのです。

今から思えば、そうした本に書かれていたのは、先ほどの「島」の話を持ち出せば、元々決められる人が書いたもので、決められない島の住人の私にとっては、どうもピンとこなかったのだと思います。「決められる島にいる人が、同じ島の人たちに向けて書かれた本」なのです。私が望んでいたのは「決められない島からどうやって脱出して、決められる島に移住できるか？」という話でした。

周りの人にも相談しました。
自分の道を突き進んでいる人は、私にとってとてもキラキラして見えました。
その人たちは、みな自分で自分の道を決めていました。
そして、こう言います。

「どっちでもいいと思うよ。自分で決めるのが大事だよ」
「ほんとうはどうしたいの？」

「そうですよね」と答えながら、私は心の中でこう思っていました。

そんなこと言われても……

その後、私はカウンセラーを専業として歩み始める中で、クライアントさんを通じてさまざまな人生の決断の場面に出会うことになります。

「会社に残るべきか、独立して起業すべきか」

「夫と離婚すべきか、結婚生活を続けるべきか」

「両親を引き取るべきか、施設に預けるべきか」

「子どもを産むべきか、産まずに夫婦二人で生きていくべきか」等々。

2択ではなく、さらに多い選択肢で悩まれる方もたくさんいらっしゃいます。

そうした方々に私は、かつて私が相談した自分の道を進んでいる人と同じように「どっちでもいいですよ。好きな方にしてください」「自分で決めることが大事ですよ」とお話していいます。

もちろん、「好きに決められないから困っているのに……」という相談者の胸のうちも分かっているので、じゃあ、どうすれば自分で決められるようになるのか、自分で決めたことに自信が持てるようになるのか、を心の専門家として相談者と対話しながら、導いてきました。

そんな私がカウンセリングで行っている、自分で決められない人が、自分の直感を信じて決められるようになる方法をこの一冊にすべて詰め込み、7日間で習得できるように書きました。

この本は、自分で決められない人だった当時の私が読みたかった本です。

武器を身につけるのではなく、鎧《よろい》を脱ぎ捨てる

本編を始める前に、少し注意してほしいことがあります。

この本には、「答え」がのっていません。

「私はどうするのがいいのでしょうか？」「Aの道とBの道とどちらを選べばいいのでしょうか？」というご相談を毎日のようにいただくのが私の仕事です。心理カウンセラ

ーとしてのべ2万人もの人にカウンセリングしてきましたが、私はこのような相談に対して、「Aの道を選ぶといいですよ」とお答えすることはありません。先ほどもお話ししたように「どっちでもいいですよ。自分で決めてください」とお伝えしています。

もし、私が相談相手に「Aの方がいいよ」と答えを提示して、それでうまく行ってしまったら、また次の分かれ道が来たときに私に決めてもらいたくなると思いませんか？それは私の営業成績的には大変助かるのですが（苦笑）、あなたの人生において、長い目で考えると不幸なことになるのではないでしょうか。

同様にこの本でも、「迷ったら離婚した方がいい」「会社を辞めるべき」と答えを提示することはしていません。

「自分で決められるようになる」と聞くと、自分を強く持つために、何かを身につけなければならない、他人に流されないために、武器を身につけなきゃ……と思う人もいるかもしれません。しかし、**この本を通してやることは、「身につける」ではなく「そぎ落とす」です。**

他人に敏感でなかなか自分で決められない人は、今まで「嫌われないため」に、「失敗しない」ために、さまざまな鎧《よろい》を身につけてきました。その鎧を脱ぎ捨てて本来の自分を取り戻していくイメージです。

先ほどお話しした、退職や結婚も自分で決められなかった私が、自己啓発書を読んでも決められるようにならなかった私が、なぜ決められるようになったのか。

それは、心理学に出会い、大人になる過程で身につけ自分を縛っていた、思考の癖に気がつき、それを解きほぐすことができたからです。

この本は正しい選択が早くできるようになるのではなく、
心の底から納得した選択ができるようになる本です。

不安や怖れでいっぱいだった心の内側が
根拠のない自信で満たされた状態で前に進めるようになることを目指します。

「失敗しない」ではなく「たとえ失敗してもいいと思える選択」をする

私が「決められない人」から「決められる人」になり、心理カウンセラーとして20年間さまざまな人を見てきて、確信していることがあります。それは、結局は、**誰かに反対されたとしても、自分が心から納得できる選択をした人が、充実した人生を歩んでいる**ということです。特に、未来が誰も予想できない今の時代に幸せに生きるには、他人をよりどころにするのではなく、自分自身を信頼して前に進める力が必要だと痛感します。

自分が心の底から納得して決めると、仮にその選択した結果が思うようにいかなかったとしても、後悔しません。「自分が決めたことなんだから仕方ない」とその結果を受け入れやすくもなり、また次に進むことができます。

こういう人は、**一見失敗したように見えても、その失敗を受け入れて前に進んでいけるので、結局うまくいくんですね。** これが「自分で決められる島」の住人です。自分で決められる島の住人は失敗しないわけではないのです。

もしかしたら、あなたは今、自分があまり好きではないかもしれません。そんな自分を変えたい！　と思っているからこそこの本を手に取っていただいたのだと思います。

私は、あなたそのものを変えることはできないと思っています。ただ、思考の癖は変えられます。

この本では、**あなたそのものを変えるのではなく、あなた自身が、素の自分に自信をもち自分で決められるようになってもらいたい**と思っております。

なぜなら、他人に敏感で、他人を優先しすぎて決められないあなたは、とても優秀だからです。この殺伐とした世の中で、他人の気持ちを考えられるって素晴らしいことじゃないですか。そんな素晴らしいあなたが、自分で決められるようになったら、その敏感さはとても大事な才能になります。その敏感さを無駄にしないように、この7日間を一緒に進んでいければと思います。

では、「決められる島」に向けて出発しましょう！

CONTENTS

はじめに 10

1日目 自分で決めたつもりになってない？

1 「自分で決めたつもり」の罠 30
2 もし学生時代にドロップアウトしていたら何していますか？ 39
3 今、迷いがあるのは自分に合わない生き方をしているから？ 46
4 過干渉な親に今も縛られてない？ 57
5 心の底から納得してる？ 67
6 私もずっとレールの上を歩いていました 76
【1日目のワーク】 84

2日目 なぜ、あなたは「決められない人」なのか？

1 今、決められなくて悩んでいるのは素晴らしい! 90
2 自己肯定感は「自分で決める」と切っても切れない関係 96
3 根拠がなくても決断できますか? 98
4 あなたはどのタイプ? 107
タイプ1 頭で考えすぎて決められない～思考優位タイプ～ 107
タイプ2 完璧さを求めると決められない～完璧主義タイプ～ 110
タイプ3 正しさに振り回される～正解主義タイプ～ 111
タイプ4 いい子でいたい～優等生タイプ～ 113
タイプ5 波風立てないようにしてきた私～調整役タイプ～ 116
5 あなたは何を怖れていますか? 118
怖れのタイプ1 間違った決断が原因で失敗することへの怖れ 119
怖れのタイプ2 間違えたときに大きな損失になるんじゃないか?という怖れ 119
怖れのタイプ3 人から笑われたり、バカにされたり、見下されたりする怖れ 120
怖れのタイプ4 相手を失望させる怖れ 120
怖れのタイプ5 責任を取ることへの怖れ 121

【2日目のワーク】 124

3日目　これまで身につけた鎧《よろい》を脱ぎ捨てる

1 理想主義を捨てる 130
2 完璧主義を捨てる 134
3 正解主義を捨てる 138
4 優等生を捨てる 142
5 調整役を捨てる 146
6 「頑張りすぎ」を捨てる 149
7 「怖れ」を捨てる 153
8 「責任を取ることへの抵抗」を捨てる 160
9 「考えすぎ」を捨てる 164
【3日目のワーク】 172

4日目 怒ることができますか？

1 あなたは怒ることはできますか？ 178
2 怒りとやる気は同じエネルギー 182
3 怒りが認められないと夢や目標を持ちにくい 185
4 不平不満を吐き出して、心のメンテナンスをする 188
5 心を断捨離する方法 191
6 「好きなものは好き、イヤなものはイヤ」でいい 193
【4日目のワーク】 200

5日目 素の自分に自信を持つ

1 「私は」という意識を強く持つ 206
2 「私は」で自分のことを書いてみる 212
3 「自分らしさ」にこだわる 215

4 「なんとなく」や「ピンとくる」を大事にする 219
5 自分にフィットする感覚こそが、本来の自分 224
6 自分に合わない人間関係は捨ててしまおう 229
【5日目のワーク】 232

6日目 自分で決めるための心構えを知る

1 もっと「自分で」「好きに」決めていい 238
2 多数決で決める人は幸せになれない？ 242
3 ほんとうはもう決めている 247
4 「思考」は直感や感覚を実現させるために使うもの 250
5 「自分で決める」ことに勇気は必要？ 256
【6日目のワーク】 260

7日目 自分で決められる人になる

1 直感と感覚で決める 266
2 一歩前へ、というイメージを持つ 273
3 5年後、10年後を妄想してみる 276
4 一度決めても、くつがえしていい 279
5 他人に相談する 281
6 期限を設けてうまく決める方法 284
7 後出しジャンケンで決めない 289
8 自分の決めたことを信じ続けるコツ 293
【7日目のワーク】 298
おわりに　キミは何も間違っていない 300

1日目

自分で決めたつもりになってない？

カウンセリングやセミナーで出会う方の多くが「人生の岐路」に立っていて、これから先、どんな風に人生を進んでいいのかを迷っています。「独立するか今のままか」「離婚するか」「今の彼と付き合うか別れて婚活するか」等々、自分では決めきれず、悩んでいるのです。

このような方々には「どっちでもいいですよ、好きな方を自分で選んで決めてください」と伝えます。冷たく聞こえるかもしれませんが「自分で決めないと意味がない」のが真実なので、自分で決めて選んだ道を応援するのが私のスタイルです。とはいえ「自分で決められなくて困っている」から相談に来てく

だったわけで、「ではなぜ自分で決められないんでしょうね？」というのを一緒に考えるために、まずは相談者の過去を掘り下げます。過去を掘り下げながらほんとうの自分に気づいてもらうのです。

そう、今日は「自分で気づく」がテーマです。相談者の中には「昔から自分で決められないんです」という人もいますが、「今まで自分で決めてきたつもりなのに、実は決めてなかった！」と気づく人も多くいます。あなたは今まで、進路やパートナー選びなど、ほんとうに心の底から納得して決めてきましたか？

手っ取り早く「自分で決める方法」を教えてくれよ！と思う方もいるかもしれませんが、この「自分で気づく」作業は「自分で決められる島」に移住するためにとても大事なことです。だって自分で気づかないと、人間は変われませんから。

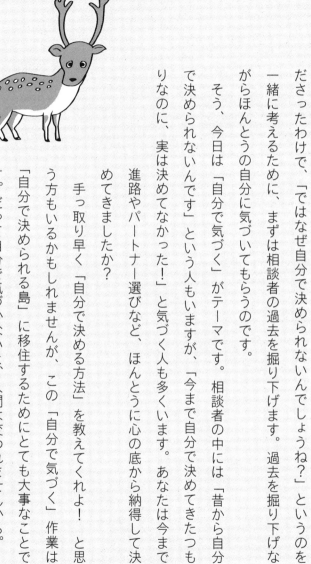

1 「自分で決めたつもり」の罠

では、1日目を始めましょう。

1日目は「自分で決められない人」が「自分で決められる人」になるまでの、エピソードを紹介していきます。これから登場する人の多くは「今まで自分で決めてきたつもりだったけど、実は自分で決めていなかった」人たちです。

「他人の話なんて……」と思うかもしれませんが、自分を客観的に見つめるために、自分に気づくために、他の人がどうだったかを知ることはとても重要です。これから出てくるエピソードはいわば「鏡」です。鏡を見ずに、「寝癖ついているな」とか「疲れた顔してるな」と自分で気づくのが難しいように、自分の考え方の癖に自分だけで気づくのって難しいのです。これから紹介するエピソードを、「自分はこうだったな～」と自分と照らし合わせながら読んでみてください。

あ、たとえ途中で「自分で決められていなかった」と気がついても、「なんであのとき、自分で決めなかったんだろう。ダメだな」と自分を責めないようにしてくださいね！　今日はただ気づくだけで前進ですから、「こんな自分もいたな」と思うだけにとどめといてください。

決断力があるはずの「東大卒エリート」の悩み

まずは、30代後半の男性会社員のお話です。

彼は仕事がとてもできる人で社内でも有望な人材として評価されていました。しかし、彼は自分の力を試してみたいと独立起業を考えていました。1年以上前から独立を考えているのですが、なかなか決め切れず、このままでは悩んでいるだけで人生が終わってしまう！と思い、知人の紹介で私のことを知りカウンセリングすることになりました。

しかも、私とお会いしたとき、彼は会社から管理職になるためにアメリカの本社に研修に行くことを打診されており、もし、それを受けてしまうと研修が1年、そして、帰国後、数年は身動きが取れなくなるとのこと。**「もし独立するならば今しかない」と思っているにもかかわらず、なかなか決められない自分にふがいなさを感じ悩んでいました。**

そこで私は彼の生い立ちから改めて伺うことにしました。

彼は省庁のキャリア組としてバリバリ働く父親と、専業主婦で教育熱心な母親の元に長男として生まれました。幼少期より両親から期待されて育ち、その期待通り学校の成績も優秀で、都内の名門と言われる小・中・高、そして東大を卒業しました。誰もが認めるエリートです。就職先も誰もが知る超大手企業で、その後、ヘッドハンティングにより今の会社に転じ、忙しい毎日を送っていました。一方で私生活も美しい奥さんと二人の子どもに恵まれる生活をしていました。

みなさん、ここまで聞いてどう思いましたか？

見るからに幸せそうな、全然悩みなどなさそうなタイプに思えませんか？

なぜ、彼は幸せに必要なものをすべて手に入れていて、決められない自分に思い悩んでいるのでしょうか？

仕事では決められるけど、自分のこととなると決められない

彼はこう続けます。

「母親は厳しかったですが、進学や就職の際は『あなたの好きなところに行っていいのよ』と言ってくれましたし、父親は仕事が忙しくて不在なことも多かったのですが、私の希望には口を挟むことなく、認めてくれました。今の会社に転職する際も妻は応援してくれましたし、仕事でも難しい決断を求められることが多いですが、**むしろ決断するのは早い方で、それは上司からも認めてもらっています。それだけに、今、1年以上も決断できずに悩んでいることが自分でも不思議で仕方ないんです。**自分はそんなに決断力がないタイプだと思っていなかっただけに自分自身に失望しているんです」

そうハキハキ語る彼は、私のセッションを知人に勧められたときも、すぐに受けることを決めたそうで、確かに「決められない人」という様子はうかがえません。

しかし、より詳細に両親のこと、そして、進学や就職、転職についてお話を伺うと、私の中にある違和感が生まれたのです。

彼はとても賢い人物ですが、それと同時にとても直感的なタイプに思えたのです。仕事の話を詳しく聴いていると頭でロジカルに物事を考えるような印象を受けますが、実は直感的に物事を決められるタイプじゃないかと思ったのです。

そう指摘すると、彼は、奥さんとの結婚についてこう話してくれました。

「初めて会ったときにピンときたんです。この人と一緒にいて、子どももいるヴィジョンがパッと浮かんだんです。もちろん口にはしませんでしたが、それで彼女にアタックしました。実は彼女もそんな印象を抱いてくれたようで、付き合ってすぐ結婚が決まり、お互いの両親にも祝福されました」

また、彼は中学くらいから声楽に親しみ、今でもアマチュアの合唱団に所属しているとのことで「歌を歌っているときはとても解放感があって幸せなんですよ。家でもお風呂の中で大声で歌ってしまって妻にたしなめられることもあるくらいです」とのことで、彼はとても感受性の豊かな、感覚的な男性なんだな、と思いました。

このような**感受性の豊かな人は、場の空気を読むことや、相手の気持ちを汲む**

ことはとても得意です。むしろ空気を読みすぎたり、相手の気持ちを察しすぎたりして、本来の感受性豊かな自分を押し殺してしまう傾向があるのです。

「親が好きにさせてくれた」はほんとうか？

彼がなかなか独立を決断できない理由がそれとなく分かった私はこう伝えました。

「もしかすると自分で決めたように思えて、実は周りの意向に従って生きてきたのかもしれないですね。だからこそ、今回初めて自分で人生を選択しようとしているから、なかなか決められないのかもしれないです」

彼は一瞬怪訝《けげん》な表情を浮かべましたが、そこは賢い人です。すぐに「でも、先生がおっしゃる通りかもしれません。そんな気がします」とおっしゃいました。

彼は「親は好きにさせてくれた」と話してくれました。でもほんとうは、**彼は親が「いいよ」という選択肢の中から好きに選んでいたにすぎない**のではと思ったのです。無意識のうちに彼が親の気持ちを汲み取って、選択肢を絞っていたのです。

好きに選んでいいよ
ほんとうに「親が好きにさせてくれた」のか？
東大
京大
慶應
早稲田
音大

もしかしたら最初のうちは、親がどう思うか関係のない、自分が心の底からやりたいと思える選択肢があったのかもしれません。でもそれが、幼少期からの親とのかかわりの中で、親が喜ぶ選択肢しか選ばなくなり、結果的に親が喜ばない選択肢は脳が無意識のうちに排除するようになったのかもしれません。

進学についても、就職についても、「親が認めてくれるだろう範囲の中から、自分で決めてきた」というわけです。

深く話を聴いてみると彼は特に高校時代に声楽にかなりのめり込んでいて、内心、「音大に行って本格的に声楽を修めた

い」と考えたこともあったそうです。

しかし、彼の通う高校では芸術系に進む生徒は他にはいませんでしたし、そして当然、親もその選択は喜ばないと感じていたそうです。そこで成績優秀でもあった彼は東大に進学するのです。東大を受験することを決めたことに後悔はしていないそうですが、そこで少し自分の気持ちを押し殺していたこともまた事実でした。

就職を決める際にも同じようなことがあったそうです。彼は東大の同級生たちが望む国家公務員や著名な企業への就職に魅力を感じつつも、まだこれから立ち上がっていくベンチャー企業にも心を惹かれていました（それが今の独立起業を望む気持ちにもつながっていきます）。

しかし、「いずれベンチャーに転じることになるにせよ、はじめはちゃんとした企業に勤めた方がいいだろう」という思考による判断から、彼は就職先を選んでいたのです。

もちろん、その決断にも彼は後悔はしていませんでした。

しかし、**彼は人生の岐路で、自分の内側にある直感や気持ちを大切にするよ**

りも、周りの空気を読み、その意図を察して選択することを優先してきました。

それは彼自身が選んだことには違いありませんが、しかし、周りの期待という限られた範囲の中での選択にとどまっていたのです。

つまり、心の奥底から納得して決めたわけではなかったのです。

もちろん、周りの期待に応えるために選択することが悪いわけではありません。そういう生き方も全然問題ありません。しかし、彼が今、起業するかどうか1年以上も悩む背景には、そうした「自分で決めたつもりで、実は心の底から納得して決めたわけではなかった過去」が影響しているのではないかと私は考えたのです。

2

もし学生時代にドロップアウトしていたら何していますか？

親の期待に応えるために頑張ってきた幼少期

彼に限らず、人間関係の中で生きている私たちは少なからず周りの人たちの影響を受けます。その中で自分の思いを貫くことはほんとうに難しく、勇気がいるものです。それは彼自身がとても優秀であったことも災いしているかもしれません。誰もが羨むエリート人生を彼は歩んでいるのですから。

私は彼に「あなたがほんとうに好きなものは何でしょう？　あなたがほんとうに大切なものは何でしょう？　あなたがほんとうにしたいことは何でしょう？」という問いか

けを繰り返し行いました。

そのたびに彼はハキハキと答えられるのですが、私は「あえて意地悪しますけど（苦笑）、ほんとうにそれが欲しいものですか？　好きなものですか？」などと繰り返しお聞きしたのです。

「なんか、圧迫面接みたいですね！」と苦笑しながらも、素直な彼は自分のほんとうの気持ちと向き合ってくれました。そうすると、**幼少期より親の顔色をうかがい、その期待に応えるために頑張ってきた自分が思い出されました。**ずっと封印されていた、彼のもうひとつの顔が出てきたのです。

「自分では納得しているつもりだったけれど、勉強ばかりでなく、あちこち遊びに行きたかったですし、もっと歌を歌いたかったのだと思います。そういう気持ちを抑えてきたのかもしれないですね。そう思えば、今だって家族や職場の人に気を使って生きてるところがあるかもしれません。時々ふと思うんですよ。『自由になりたい』って。今、家でも職場でもかなり自由にさせてもらっているにもかかわらず。自分でもなんでそう思うんだろう？　と疑問に思ってきましたがそういうことだったんですね。自分が好きに生きてきたつもりで、実は周りの目を気にして生きてきたんですね」

彼はちょっと落ち込んだ表情を見せながらも、そんな話をしてくれました。

もし学生時代にレールから外れてドロップアウトしていたらどんな人生を歩みたかったですか？

「ほんとうに私はどうしたらいいのでしょうか？」

その問いは切実な響きを伴っていました。そこで私はこんな問いを彼に投げかけることにしました。

「もし、パラレルワールドというものがあるとして、中学くらいで勉強に挫折して、ドロップアウトしてしまった自分がいると想像してみてください。その自分はどんな人生を歩んでると思いますか？」

彼は「うーん……」と腕組みをして、「難しいですね。しかし、面白い質問ですね。少し時間をいただきたいです」とおっしゃいましたので、その問いは宿題にして、その日のセッションを終えることにしました。

彼は思春期にそれらしい反抗期もなく、今に至りました。だから、もし中学時代に親に反抗してレールから外れていたらどういう人生になってただろう?と思い巡らすまでに少し時間がかかったそうです。

1か月半後、ふたたびセッションに訪れた彼は、こんな話をしてくださったのです。

「あれからいろいろ考えました。不良の仲間に入って渋谷に入り浸っていたんじゃないか? とか、好きな声楽を極めるために高校から海外に留学していたんじゃないか? とか、バックパッカーになってインドにハマってたんじゃないか? とか、ドロップアウトしたことが悔しくて猛勉強して大検の資格を取り、やっぱり東大に入ってたんじゃないか? とか、たくさん想像しました。でも、その想像がめちゃくちゃ楽しかったんですよ。僕はほんとはそういう生き方がしたかったんでしょうか?」

彼は顔を紅潮させながら、その想像(というか妄想?)の話をたくさんしてくださいました。実際、インドには行ったことはないけれど、インドに行った人たちの本やブログを読みまくっていた時期があること。渋谷で不良グループに入る勇気はなかったけれど、そんな派手に遊んでいる人たちが内心羨ましかったこと(彼は高校時代、通学で渋谷駅を利用していたそうです)。声楽の本場であるイタリアやドイツにすごく憧れていて新婚旅行はその地域を回ったこと。でも、学校の勉強も嫌いではなかったので、どん底から這い上がるために猛勉強する自分もいるだろうこと。

彼は話がとても上手なので、聴いている私までワクワクしてしまうほどでした。彼の言う「自由」ってそんな世界にあったんですね。

ほんとうはもう決めている

私はそこで彼に質問したんです。

「どうでしょう？　その話をお聞きすれば、あなたは何もないところから学び、成長することに喜びを感じるタイプなんじゃないでしょうか？　それでベンチャー企業に憧れたり、ヨーロッパ留学やインドでの放浪を想像したり、大検で東大という道が思い浮かんだりするんじゃないでしょうか？　ということは、あなたの本心は『そろそろほんとうに好きなことをさせてくれよ！』じゃないかと思うんですよね」

彼は私の話をニコニコ聴きながら「自分で話をしていてほんとうにそう思いました。どこかでうすうす気づいていたのですが、私は今の会社を辞めて独立することを心の底では決めていたみたいですね。今日、先生とお話しして、そのことに確信が持てました。その方向で早速行動してみたいと思います。実はビジネスプランももう決まっていて、準備はできているんです」

顔を紅潮させて、イキイキと語る彼はまさに「一皮むけた」状態のようでした。

その日、セッションを終えた彼は早速奥さんとお子さんたちに自分のプランを話し、週末にはお互いの実家に赴いてその話をし、翌週には会社に辞表を提出していたそうです。相当な引き留めがあったそうですが、その事業が今の仕事にも絡むことが分かり、今の会社が最初の取引先になることまで早々に決まったそうです。起業する者として最高の支援が得られたのです。

彼のように、対話をしながら、相談相手の心の奥底を探っていくと、「決められないんです……」と悩んでいた人が、霧が晴れたように明るくなり、すぐに行動に移す人がいます。詳しくは6日目にお話ししますが、決められない……と悩んでいた人も、実は直感では決めているのです。直感で決めたことを、いろいろな思考が邪魔しているだけなのです。あなたも実は、心の奥底では決めているのではないでしょうか。

さて、「自分で決めたつもりが、それは制限の中での選択だった」というお話なのですが、みなさんにも当てはまる部分はないでしょうか？

洋服を選びながら「あ、これならお母さん、文句言わないな」と思ったり、婚活をして「この人なら親も文句は言わないだろう」と考えたり、仕事にしても「これなら上司もハンコを押すだろう」と判断していたり、それはほんとうに自由な選択というよりも、条件付き、制限付きの選択である可能性が高いと思うのです。

もちろん、それが間違った決断ではないのですが、もしそれが、自分の内なる声に反するものであるならば、あなたの中には少しずつストレスが溜まっていきます。それがやがて、大切な決断をするときに迷いを生じさせ、決められない人になってしまう可能性が十分あるのです。

さあ、あなたの本心はいったい何と言っているのでしょう？　その内なる自分との対話が、決められる人になる大きな一歩になると思うのです。

3

今、迷いがあるのは自分に合わない生き方をしているから？

思春期以降、自分を抑えるようになりませんでしたか？

次は、幼い頃からしっかり者の長女として生きてきた女性のお話です。

幼稚園の頃はとてもお転婆で男の子とよく遊び、時にはケンカだって厭《いと》わなかった彼女。目立ちたがりでクラス委員にも自ら立候補し、友達の中でも中心的な存在に育っていきました。

しかし、思春期を迎えると、周りの目が気になりだし、だんだん大人しい子になっていきます。今まではなら教室で積極的に発言していたのに、それも影を潜め、できるだけ目立たないよう生きるようになっていきました。

また、両親が共働きで忙しかったので、４歳下の妹の面倒を見る「いいお姉さん」としての役割もあり、その環境の中で、両親に心配や迷惑をかけない「いい子」として育ってきた側面もありました。

そのせいで、中高生時代は楽しいこともあった反面、どこか生き辛く、窮屈な毎日を送っていたと言います。進路選択でも先生や親が提案してくれた成績に見合った先を選び、大学を出て就職する際も特にやりたいことがなかったため、内定をもらった会社に就職していました。

「私には落ち着いた恋愛が似合っている」と言い聞かせてきた

彼女は恋愛もそれなりに楽しんでいたのですが、周りの子たちがしているような「燃えるような恋」とは無縁で、付き合って数か月で「何年も連れ添った夫婦みたい」と言われるような落ち着いたものが多かったようです。

仕事も恋愛も彼女はどこか「自分にはこういう関係が似合っている」と思い込んでい

て、そのうち自分もふつうに結婚して母親になるんだろう、と思っていたのです。そして、その通り、彼女は25歳のとき、当時付き合っていた2歳上の職場の先輩と結婚します。その2年後には赤ちゃんも生まれました。

彼女の学生時代からの友達の多くは未婚だったので、彼女たちからはとても羨ましがられたそうです。

子どもはとてもかわいくて、大変だけど子育てもやりがいがあって充実していました。旦那さんもイクメンっぷりを発揮して家のこともよく手伝ってくれて、周りから見たらほんとうに幸せな家庭を築いていたのです。

恵まれた環境にいるのに、心から幸せを喜べない自分を責めてませんか?

周りから見れば、彼女は絵に描いたような幸せの中にいました。

しかし、彼女はいつも心の中に冷めたものを感じていました。

何の不自由もなく育ち、優しい旦那さんとかわいい娘がいるにもかかわらず、心からその幸せを喜べないのです。

彼女はそんな幸せを喜べない自分のことを、責めていました。「恵まれた環境にいるのに素直に幸せを感じられないなんて、自分はおかしい」と思ってきたのです。

しかし、そんなある日、彼女は異変を感じて婦人科を受診すると子宮内に大きな筋腫が見つかりました。幸い手術で患部を摘出できたそうなのですが、そのことに彼女は大きなショックを受けることになります。「なぜ、こんなになるまで気づかなかったんだろう？　なぜ、自分はこのような病気になってしまったんだろう？」

病院の先生からも「ずいぶんと我慢されたんじゃないですか？」と聞かれたのですが、全然自覚症状がなく、自分はむしろ健康だと思っていたのです。

それを機に彼女は自分の人生を振り返るためにさまざまな本を読んだり、セミナーに参加したりするようになりました。

そうすると、彼女は小学校の高学年くらいからずっと我慢をして生きてきたことに気づくのです。妹が小さいからわがままを言わなかったこと、親に迷惑をかけないようにいい子をしてきたこと、学校でも周りの目を気にして自分を消して生きてきたこと、同級生や先生にも実はとても気を使っていたこと、一人になるのが怖くて周りの人に合わせるようになっていたこと、そして、気がつけばどんどん自分自身を見失っていたこと。大学に進学する際も、就職するときも彼女は特に自分が何をやりたいのかが分かりませんでした。また、周りの人たちがのめり込むアイドルやイケメン俳優にも無関心で、何かに没頭するということがありませんでした。すでにお話ししたように恋愛でも夢中になることもありませんでした。

自分の人生を生きてますか？

そんな人生を振り返ったとき彼女は「**ただ生きてはきたけど、自分の人生を生きていないのではないか**」と強烈に思い、それがまた強い衝撃を彼女に与えました。人生を「自分で決めてきた」「自分で選んできた」と思っている人が「実は自分で決めたつもりになっていただけだった」と気づくというのは、時にその人に大きな衝撃を与えます。中には相当落ち込んで家から数日出られなかった、という人までいます。

彼女はそんな中で、私の本に出会い、セッションを受けに来てくださったのです。

「ほんとはやんちゃで活発な女の子だったんですよね。もしかしたら、それがあなたの素の姿なのかもしれないですね。でも、それを思春期以降は封印しちゃった。その病気も、そのことを気づかせてくれたものかもしれません。カウンセリングではすべての病気は何らかのメッセージを伝えてくれるもの、という解釈をします。婦人科系の病気って当たり前ですけれど女性しかかかりませんよね？　だから、「あなたは今まで女性らしさを隠して生きてきませんでしたか？　もっと女性らしくしていいんですよ」というメッセージとして解釈することもできるのです。もしかしたら、もっと女らしい生き方をしたいのかもしれないですよね」

そんなお話をしました。

彼女は小学校の高学年くらいから人生が１８０度変わってしまったことに疑問を持っていました。いじめとか環境の急激な変化があったわけではないのになぜだろう？　と。

「いや、よくあるんですよ。思春期になって体が変化してくるけど、それは心も同じで、大人になるためにどんどん意識や考え方も変わるんです。急に人目が気になったり、周りの人が怖くなったりして、性格が変わっちゃう人もいるんですよ」

子どもの頃の夢を覚えていますか？

それで、彼女にこんな質問をしてみたのです。

「子どもの頃の夢って覚えてます？」

「アイドルとか女優さんになりたかったんです。近所の子たちとよくコンサートみたいなことをやっていて、私はいつもその中心にいました」

でも、いつしかそんな夢はバカみたいだと思って封印し、その後は特に夢らしいものはなかったと言います。アイドルや女優さんになりたい女の子の心理は、人前に出てスポットライトを浴びたい！　みんなにちやほやされたい！　有名になりたい！　みんなに愛されたい！　そんな思いを表しています。

彼女は人の陰に隠れて生きるタイプではなく、もっと前に出てキラキラと輝く人生が合っているのかもしれないと思いました。

「でも、今からアイドルなんてとてもとても……」とおっしゃるので、私は「それもアリですけど、前に出てキラキラ輝く人生って別にアイドルや女優さんだけじゃないですよね。好きな仕事をバリバリこなしてもいいし、ママたちのリーダーになってインフルエンサーみたいになることだってできるし、名前を売らなくても、自分らしく、好きなことをしていたら、勝手にキラキラ輝いてくるものですよ」というお話をしました。

自分は愛されて幸せだと思い込もうとしていませんか？

そこで、彼女にこんな質問をしました。

「お転婆だったあなたがそのまま大人になったら、どんな人生を歩んでいると思いますか？」

彼女はこう話してくれました。

「きっともっと自由に、あちこち飛び回って好きなことをして生きていると思います。海外への憧れはずっとあるので、日本とヨーロッパを行き来しているような人生かもしれません。今とは全然違うと思います」

「私は知らないうちに両親や周りの人が望むように自分の人生を決めてきていたんですね。自分では周りの人から愛されて幸せだと思い込もうとしてきたん

ですね。それが病気になってほんとによく分かりました。これからは自分の人生を自分でちゃんと決めていきたいと思います。もちろん、旦那さんには相談しますが、もっと昔の私を思い出して自由にやろうと思いました」

その後、彼女は前から興味のあった司会業の勉強を始めました。結婚式やお祝いの席で進行を務める、あの仕事です。彼女が結婚式を挙げたときの司会の女性がとてもキラキラして輝いていたことを思い出したのです。旦那さんも何ら反対せず、彼女のその決断を応援してくれているそうです。

そして、子どもを育てながらスクールに通ううちに彼女はある内なる変化に気づきます。

自然と旦那さんに感謝できるようになっている自分がいたのです。

自分がやりたいと思ったことを、望むようにできるようになり、そこから人生がどんどん楽しく面白くなっていきました。目がキラキラと輝くようになり、表情も柔らかく、背筋もピンと伸びるようになりました。そうするとそんな風に自分を自由にさせてくれる旦那さんに自然と感謝の思いが湧き上がるようになったのです。それまでも旦那さんには感謝の気持ちを伝えていましたが、今から思えばそれは義務的なもので心からのものではなかったと言います。それが自然とありがとう！と思えるようになり、「この人が夫でほんとうによかった」と感じられるようになったのです。すると、どんどん旦那さんのことが好きになっていきました。結婚して7、8年たっての自分の変化は自分でもびっくりするくらいでした。

「私、初めて本気で人を好きになったかもしれません！」彼女は少々照れながらそんな言葉を伝えてくれました。

そして、その思いはご両親にも広がり、以前よりもスムーズに実家との関係を築けるようになったそうです。

さて、思春期以降、ほんとうの自分を抑え、いい子をしてきた彼女の人生の一部をご紹介しました。

知らず知らずのうちに「いい子」になり、彼女もまた決められない人になっていました。それに気づくきっかけになったのは病気だったのですが、**今では生き方を変える**

きっかけを与えてくれた病気にも感謝できるようになっているそうです。自分の人生を生きているとそんなことも可能になるのです。

あなたはどうでしょうか？

本来の自分の価値観に合う、自分らしい人生を送っていると言えますか？

もし、あなたが彼女が感じていたように「幸せなはずなのだけど心が晴れない」とか「恵まれているのに幸せを感じられない」といった違和感を持っているならば、もしかしたら本来の自分を思い出すタイミングかもしれません。神様に背中を蹴飛ばされないうちに、自分らしい人生を歩んでいきたいですよね。

4

過干渉な親に今も縛られてない？

レスの旦那と離婚して不倫相手と一緒になるべき？

仕事で悩む人の話が続いたので、次はパートナーとの関係に悩む人のお話です。

「旦那と離婚すべきかどうかずっと決められない」というご相談にいらっしゃった30代半ばの女性。結婚して5、6年ほどですが、結婚以来、ずっとレスが続いていて子どもはいません。夫と何度か話し合いましたが、そのたびにあいまいな返事で彼女の中では不満と「女として扱ってもらえない寂しさ」が募っていきました。幸い忙しい職場で働いていたので、何とかその寂しさを仕事で紛らわしてきました。

しかし、そんなとき、あるきっかけでバツイチの男性と出会います。その彼は旦那さんと違い、とても男らしく、はっきりした性格で彼女はすぐにハマり込んでしまいました。セックスの喜びも彼を通じて初めて知ったと言います。旦那さんへの罪悪感は思ったほどなく、仕事帰りに待ち合わせてふつうの恋人のようにデートを重ねていました。

そんな中、彼が夢を語ってくれるようになりました。いずれ自分は海外に事業を拡げて、日本と行ったり来たりの生活をしたい。東南アジアのどこかにも家を構えて、あちこち旅して生きていきたい、と。

彼女も昔から海外に住みたいと思っていたので、その彼の夢に心がときめきます。旦那さんの仕事は国内に限られているので、仮に海外への出張はあったとしても移住は叶いません。それで彼女は旦那さんと別れる決意をしようとするのですが……覚悟を決めたつもりが「いや、でも……」と思いとどまり、しかし、その後には「やっぱり離婚しかない」と思う、そんな日々が続きました。

彼女はその頃から私のブログを読んでくださっていたのですが、その中のある記事を参考にして、思い切って旦那と離婚するかどうか迷っていることを彼に伝えてみたのです。

すると彼は「君と一緒に海外に住みたいし、仕事も二人でやっていきたいと思っている。けれど、そんなに長くは待てない」と正直な気持ちを打ち明けてくれたのです。その誠実さに彼女は心打たれました（旦那さんはいつもあいまいなことしか言いませんでしたから）。しかし、同時に彼女は焦り始めます。**何度も離婚を決意するのに、それが実行できない自分にもイライラし始めました。**

そこで、私のセッションを受けることにしてくださったのです。

レスのご相談ではよくこんな問いをするんですね。

なぜ、そんなにも我慢できたんだと思います？　もしかして、それ以上に苦しい気持ちを我慢していた時代があったんでしょうか？

すると彼女は、子ども時代からのお母さんとの関係を話してくれました。

お母さんは彼女を自分の物のように扱う過干渉な人で、とにかくあらゆることに口出しをしてきたそうです。彼女はずっと窮屈な思いをしながらも、お母さんの言うことを聞かないとヒステリックになるので渋々従うことをしてきたのです。だから、大学を卒業して大阪に出てきたとき、とても解放感があったそうです。

「あなたのためにやってるのよ」の呪いに縛られてませんでしたか？

しかし、安心したのも束の間で、電話やメールなどで頻繁に連絡を寄こしてきて、時には家まで押しかけてくることについに彼女は爆発し、20代半ばからお母さんとの関係を断絶することにしたのです。その後、少しずつ関係も改善し、結婚式には参列してもらいましたが、やはり少しでも話をすると以前のヒステリックな顔をのぞかせるお母さんが、今も苦手な存在でした。

とはいえ、今はほとんど連絡を取ることもなく、実家にも年末年始に日帰りで顔を出すだけですので、ふだんはお母さんの存在を意識することはありません。

でも、どうやら何でもかんでもお母さんが決めていたあの頃の癖が今も残っているのです。

過干渉だったり、過保護だったり、心配性な親に支配されて育つと、今日着る服から習い事、日々の行動、進学先もすべて親の意向が優先されます。**「あなたのためを思ってやってるのよ」という大義名分のもと、自分で決める機会を持てないまま成長していくのです。**

しかし、そのままずっと大人になるのではなく、彼女のようにあるときに大爆発して反抗期を迎えることになります（その反抗期がないまま大人になってしまった人も珍しくありませんが）。

そこで親から自立して自分の道を歩き始めるのですが、しかし、長年染みついた癖はなかなか抜けません。そのひとつが「自分で決められない」ということなのです。

もちろん、彼女は今、転職して2社目にお勤めで、それは自分の意志で決めたことです。また、そもそも結婚だって、なかなか煮え切らない彼の背中を押したのは彼女の方でした。

しかし、彼女は自分の意識していないところで「お母さんが望む選択」をしていたことに気づくのです。安定志向の強いお母さんの影響で、今も、その前も大企業に勤めていました。彼と結婚することに決めたのも「この人は絶対私を裏切らないだろう」という確信があったからでした。

ファッションについても「女は結婚したら派手な格好はしたない」とお母さんが常々言っていたことを、知らず知らずのうちに実践していました。それ以外の日常を見渡してみても、何かを選ぶ際にはいつもお母さんの言葉に従っている自分がいるのです。

それはまるでお母さんの亡霊がすぐ横にいて、ずっと彼女に指示を出しているようなものでした。

もちろん、お母さんは離婚には絶対反対派です。彼女のお母さんはお父さんとはケンカばかりして、陰で悪口を言っていてもずっと別れませんでした。もし娘である彼女が離婚を言い出したら、お母さんはヒステリックになり否定するでしょう。

そのことに気づいた彼女は大いにショックを受けます。

「全然、お母さんの束縛から逃れられていないんですね」

だから、私は彼のことより、旦那さんのことより先に、お母さんの束縛から自由になることを優先してもらうようにしました。何度も御恨み帳（これについては4日目に解説します）を書き、お母さんを手放すワークをし、そのたびに少しずつお母さんの影響が薄れてきました。
その過程で、彼女はあることに気づきます。

「パートナーシップもそうだけれど、自分の人生を自分でまったく決められていないこと」に。
そこからセッションのテーマは「自分で決められるようになる」に変わりました。その頃から、あれだけ夢中になってきた彼への気持ちが急激に冷めていきました。もちろん、好きな気持ちはありますが、彼と海外で暮らすような未来にあまり魅力を感じられなくなっていたのです。

あれだけ盛り上がっていた不倫相手への気持ちが冷めた理由

実は意外とよくあるケースなのですが、彼女のように夫婦関係で行き詰まりを感じているときは「白馬の王子様」を求めるかのように、自分を今の閉塞した日常から連れ出してくれる人を望みます。彼女の場合、たまたま理想にかなった男性が現れたのですが、それは**あくまで今の人生を変えてくれる人を待ち望んでいただけ**なのです。

　彼女はカウンセリングを通じて自分と向き合うことにより、誰かに連れ出してもらう人生ではなく、自分のことは自分で決める人生を歩み始めました。そして彼女は自分らしい人生を探し求めようと自ら行動するようになったとき、彼の存在はどんどん小さいものになっていったのです。

「男としては今でも彼が好きかもしれません。けれど、彼について海外に行くのでは今までの自分とあまり変わらないと思うのです。今はそれよりも自分らしい生き方を構築する方がずっと面白いです」と彼女は語ってくれました。


　そして、彼女は自分らしい生き方を実現するために「フリーランス」でできる仕事の資格やスキルを磨くことにしました。

「あちこち旅をしたいし、自分でスケジュールを自由に決められるようになりたいし、人と接するのが好きだし、とあれこれ考えてみたら、私、根本さんみたいな生き方がしたいって思ったんです。でも、カウンセラーって大変そうだし（苦笑）、私は今まで経験してきた広告や宣伝などのスキルや人脈を活かせるような道を歩こうと思うようになり

ました。そう思ったら、信じられないくらいワクワクしてきて、内側からどんどん情熱が湧いてくるのが分かるんです。ちょうど彼と出会ったときに感じた気持ちと似てるんです。もしかしたら、彼は私に情熱のスイッチを入れに現れてくれたのかもしれません」

キラキラ輝きながら夢を語る彼女は、ほんとうにまぶしいものでした。

さて、親子関係というのは距離が近い分だけ、ものすごく大きな影響を受けるものです。彼女のように、もう影響を受けなくなった、と意識していても、その裏ではまだまだ束縛されていた、なんて話はほんとうに多いのです（むしろ、まったくない人なんていないくらいです）。

もちろん、親の影響がすべて悪いわけではありません。しかし、自分の人生を自分で決められなくなるような、そんな影響はできれば手放していきたいですよね。

「これが親からの影響だ」と気づいたら、その都度、意識的にそれを手放すようにしてみると、徐々にベールを脱ぐようにその影響から脱することができます。とはいえ、私たちは何百、何千枚と重ね着をしていますから、気づくたびにひとつずつ、という意識で気長にやることがお勧めです。

5

心の底から納得してる？

次は、結婚したいのに数年付き合っている彼の態度が煮え切らなくて悩んでいる女性のお話。

彼女は彼に「ねえ、どうするの？」と聞いても、「しかるべきときが来たらちゃんとプロポーズするから待って」としか言ってくれなくて次第にイライラするようになりました。

彼女は「早く結婚したい。それで彼の赤ちゃんを産みたい。家族になりたい」とずっと願っていたんですね。つまり、**彼女は彼との結婚を決めていた**のです。

そして、念願叶って二人で旅行に出かけたとき、彼がプロポーズしてくれます。

「今までほんとに待たせてごめんね。僕と結婚しよう」と。

ずっと待ち望んでいた言葉を聴いて一瞬歓喜の思いが湧き上がってきたのですが、その直後に驚くべきことが起きるんです。

結婚したいと思っていた彼のプロポーズの言葉に対して彼女の口からは「はい」ではなく、「ちょ、ちょっと待って」というセリフが出てきたのです。

自分でも「え？　何を言ってるの？　ずっと結婚を待ち望んでいたんじゃないの？今がその瞬間なんじゃないの？　え？　どうして？　ここは思い切り『はい！』じゃないの？」とパニックになり、当然、受け入れてくれると思っていた彼も「えっ？」という表情をして固まっていました。

「びっくりしてるの？　ちょっと意外な答えだったから僕も動揺している」と彼は言いました。

「わ、私も何を言ってるんだろうと思って……。でも、ごめんなさい。少しだけ考えさせてくれない？　でも、ほんと、どうしてなのか私も分からないの」

優しい彼は「分かった。待つよ」と言ってくれたのですが、旅行中、ずっと不機嫌な様子だったそうです。彼女も動揺がなかなか収まらず、夜も眠れませんでした。

旅行から帰ると二人の距離は少し空いてしまったようです。いつものように週末は一緒に過ごしていましたが、ちょっとぎこちない感じが続いています。彼女は早く決めなきゃ、と思いセッションに訪れてくれたのです。

あなたが決められないのは心と頭が一致していないから

「決められない状態」というのは「頭と心が一致していない状態」です。

１日目の今日は「頭では自分で決めた」けれど「心の底では納得していなかった」状態の人たちの例を紹介しています。

「頭では決めたつもりだけど、心では納得してなかった」というのは、心と頭が違う方向を向いていて乖離《かいり》している状態です。これは、自分の心の声をちゃんと聴いてあげずに、頭だけで考えていたから起こることなのです。自分で決められなかったり、決めたとしても他人に何かを言われるとすぐに自信をなくしちゃう人は、他人の声には敏感ですから、往々にしてこういうことが起こりやすいのです。

彼女は心から彼と結婚したいと思っていましたし、彼の言葉を信じてプロポーズを待っていました。しかし、心の底ではまだ決め切れていなかったようです。

少し専門的な話になりますが、私たちの潜在意識はとても深く、浅い領域と深い領域に分けて考えることが時には必要となります。潜在意識の浅い領域というのは比較的、顕在意識に近く欲求や願望、そして、怒りなどの強い感情（＝認識しやすい感情）を感じる領域です。この潜在意識の浅い部分は顕在意識に近いので、頭で認識しやすい部分になります。

一方、深い領域というのは、過去のさまざまな体験から生まれた感情が収納されているところで、なかなか意識しにくい怖れや罪悪感などの感情が含まれる領域です。

さて、彼女の場合、潜在意識の浅い領域では「彼と結婚したい！　早くプロポーズして！」と思っていたのですが、その深いところでは「結婚、怖いよ。どうしよう」と思っていたのかもしれません。よく心から納得することを「腑に落ちる」と言いますが、この「腑」というのが潜在意識の深い領域を指すと思ってください。本音の本音がこの「腑」にあるわけですね。

顕在意識
潜在意識
早く結婚したい！
怒り
願望
浅い領域（認識しやすい）
怖れ
結婚、怖いよ…
罪悪感
深い領域（認識しにくい）

私は彼女のその告白を聴いて、「**心の断捨離が必要だよね。いろんな思いが心に溜まりすぎていて、決めたつもりで決め切れていなかったのかもしれないです**」とお伝えしました。

そして、そこからいろんな感情を吐き出していくことをお勧めしたのです。

潜在意識は「感情」や「感覚」などの「気持ち」の領域です。だから、気持ちを整理していくことで、本音の本音が見えてくるのです。

彼女の両親は彼女が高校生のときに離婚していました。ずっと不仲でケンカばかりしていたので、彼女が間に入ってなだめることも多かったようです（それで彼女は人間関係においては「調整役」をすることが多くなりました）。

そんな両親を見て育ったので、彼女は結婚に対しては人一倍強い思いがありました。

「子どもに辛い思いをさせないように夫婦が仲良くラブラブで、穏やかで温かい家庭を作るんだ」

そして、職場で彼と出会い、お付き合いが始まったとき、「この彼ならそんな家庭を築けるはず」と思い始めたのです。

しかし、潜在意識の深いところでは違うことを思っていました。「私にそんな家庭が作れるのだろうか？　両親だってそこは失敗しているのに、私なんかにできるのだろうか？」という不安、さらにはケンカばかりしていた両親に「なんで幸せな家族でいてくれなかったんだ！」という怒り、そして、「私はそんな両親を助けられなかった」という罪悪感などが渦巻いていたのです。

それから、彼女はそうした思いをどんどん解放していきました。ノートに結婚に対する不安や怖れをたくさん書き出してもらったり、カウンセリングの中で両親がケンカばかりで辛く、寂しかった思いを言葉にして言っていただいたりしました。今まで意識していなかった結婚や家族へのネガティブな思いをどんどん言葉にして吐き出してもらったのです（本書のワークでやるようなことです）。

彼女は彼にもそのことを伝え、理解してもらうことも忘れませんでした。彼は「そうなんだ。じゃあ、今度は僕が待つよ。だって今までずいぶん待たせちゃったからね」と言ってくれたのです。ほんとに優しい彼ですよね。

そうして、彼に話を聴いてもらいながら感情の断捨離を進めていくと、二人の絆が以前よりもさらに強くなっていることにお互い気づきます。彼女は温かい家庭を作りたいがために、二人の関係を良くすることばかりをずっと実践してきました。だから、愚痴や不満を言わないようにしてきたし、自分の中にあるネガティブな思いもなるべく一人で処理してきました。

しかし、今回彼女が心の中にあったネガティブな思いを彼に伝えることで、気持ちも楽になるだけでなく、彼のことをますます好きになり、信頼できるようになっていったのです。

彼はあるときこんなことを言ってくれました。

「君は女の子にありがちな不満や怒りをほとんど出さなくて、いつも前向きでニコニコしているから不思議に思っていたんだ。でも、ほんとうはそういう思いをたくさん抱えていたんだね。それが分かってなんか逆にホッとしたような気がするんだ」

彼女はその言葉を聞いて、今まで頑張りすぎていたことに気づき、ふっと肩の力が抜けたそうです。

そして、そのとき、「ほんとに私でいいの?」という言葉がふと口を突いて出てきたのです。

彼は笑顔で「もちろん！」と答えてくれました。

その瞬間、心の底からいろんな感情が込み上げてきて、彼女は彼の前で初めて号泣してしまいました。自分でも驚くほどに涙があふれてきて、それと同時に、子どもの頃、両親がケンカしてすごく怖かったこと、二人ともいなくなっちゃうんじゃないかと不安で布団をかぶって一人で泣いていたこと、何もできない自分の無力さを痛感して自分を責めていたことなどが次々思い出されたそうです。

彼はそんな彼女をずっと抱きしめていてくれました。そして、そのとき彼女は心の底から確信するんです。「私にはこの人しかいない」と。

6

私もずっとレールの上を歩いていました

中学を卒業したら高校に行き、その後、大学へ行く。卒業が見えてきたら就活をして、内定をもらった会社に行って仕事をする。もちろん、そこには受験がうまくいかなくて挫折をしたり、大学で単位を落として留年したり、就職が決まらずに焦ったり、いろいろな出来事がありますが、もしかするとそのルートを無意識的にたどってきてはいないでしょうか？

例えば大学に入るとき、この分野について学びを深めたい、とか、将来この仕事に就きたいから、といった明確な理由はどれくらいあったでしょうか？ また、就活の際も自分がほんとうにやりたい仕事や、将来就きたい仕事に向けての一歩を心の底から納得して決めてこられたでしょうか？

特にやりたいことや夢も明確ではなく、気がつけば今の場所にいる、そんな風に感じたことはありませんか？　「いったい自分は何者なんだろう？　自分はいったい何をしたいんだろう？」そんな疑問の答えが見いだせないまま、今に至っていることはないでしょうか？

私たちは気づかないうちに周りの人が敷いてくれたレールの上を歩いて今日に至っているのかもしれません。

１日目の最後は私自身のお話をして締めくくりましょう。

実は私自身もレールの上をただ歩いていただけの人生でした。

親が期待する高校に入学し、偏差値的に入れる関西の大学に進学し、特にやりたいことがあったわけでもないのですが、就職に有利になるという話と、まだ社会に出る自信がなかった、という理由で大学院に進みました。将来漠然とコンサルタントになりたいという目標はありましたが、そこへのルートもしっかりデザインできていないまま、内定をいただいたＩＴ系の企業に就職しました。

しかし、私は大きな壁にぶつかることになります。

当時私は25歳くらいでしたが、仕事でなかなか結果が出せず、「自分は何者なんだろう？　いったい何がしたいんだろう？　自分はどう生きたいんだろう？」という哲学的命題にぶつかり、プライベートでもうまくいかないことが重なって、とうとう会社を休職することになりました。

そのときの私は日々とても惨めで情けない思いで自分を責めるばかりの日々を過ごしていました。親や会社の期待を裏切り、大いに心配をかけてしまったことへの罪悪感、そして、そこで挫折してしまったことでの将来への不安にも苛《さいな》まれていました。

今から思えばこの経験は、人生を見つめ直す、大きなきっかけになる出来事だったと思えるのですが、当時の私にとっては先の見えない暗闇の中に落ち込んでしまったような、ある種の絶望を感じていました。無気力になり、淡々と日常を過ごす他なく、復職してからも与えられた仕事はこなせるものの、積極的に仕事に取り組む意欲が全然出てこなかったのです。

そばにいてくれた妻にも家族にも心配と迷惑を多くかけました。

私にとっての人生初の挫折体験でした。

しかし、この経験のおかげで当時学んでいた心理学と真剣に向き合うことができました。自分の生い立ちを振り返り、自分自身を知り、心を癒していくうちに、自分もこうした心理の世界で生きたいと思うようになったのです。

ただ、「心理カウンセラーって何？　どんな宗教なの？」と言われていた時代です。とてもそれで生活していける保証などありませんでした。でも、自分と向き合ってきた中で、会社員を続けていくことは自分には向かない、と気づいたのです。

仕事そのものは嫌いではなかったですし、先輩や上司、同僚たちにはとても恵まれていたのですが、その会社というシステムに私は当初から疑問を抱いていました。

「なぜ、毎日同じ時間に同じ場所に行かなければならないんだろう？　なぜ、頑張っても頑張らなくても同じ給料なんだろう？」

会社員が向いている人にとってはありがたいシステムが、私にとっては窮屈で、理解できないものだったのです。それは私の親も親戚も自営業で、仕事をする時間も自由だった上に、収入も毎月変動する不安定な経済状況であったこと（逆に言えば、うまくいけばたくさんお金を稼げます）、また、たまにですが父は仕事のトラブルで真夜中に出かけていくこともありましたから、平日も休日も関係なく仕事をしていた姿を見ていたことも影響しているかもしれません。

私は「いろいろな場所で仕事がしたい。スケジュールは自分で決めたい。同じことをやり続けるとすぐに飽きる。報酬は歩合の方がやる気が出る」という性質だったのです。だから、私はレールを外れ、新しい道を歩み始めることを決めるのです。

しかし、長年、当たり前のように教育システムに乗って、あまりやりたいことや未来のことを考えずに就職してしまった私にとって、そのレールを外れることは想像以上に勇気がいることでした。「はじめに」にも書きましたが、私は一度、退職を申し出て了解されたにもかかわらず、1週間後にそれを取り下げることになります。いざ辞めるとなったらとても怖くて、不安でいっぱいになり、その後の生活がまったくイメージできなかったのです。

それでも、やはりこの会社というシステムに所属し続けることは苦しいし、自分らしくない、と思い、改めて準備をして、その1年後に再び退職を願い出て受け入れられます。そして、退職した翌日の4月1日を、私は羽が生えたように軽い気分で迎えたのでした。逆に言えば、それだけ窮屈な生活に自分を押し込んでいたのだと思います。

そうして、**私は30歳のときにレールを外れ、自分の道を歩き始めました。自分がやりたいことをやるために、自分らしい人生を生きることを自分で決めたの**

です。

それから、30歳以降、私は夢をいくつも叶えていきます。カウンセラーを主とした生活をしていくこと。講師として心理学を教えること。そして、本を出版すること。１００人以上の参加者の前でカウンセリングセッションをすること。

自分らしい人生を歩く、と決めてから、夢が次々と見つかり、それを叶えることができるようになりました。そして、叶えられた夢はさらなる夢を見せてくれました。全国をあちこち旅しながらセミナーをすること。出版した本がベストセラーになること。自分を超える優秀な弟子を育成すること。まだまだやりたいことがたくさんあって、今もまだ夢の途中です。

日本の教育システムはとても優秀な面がある一方で、非常に窮屈な面もあります。あまり将来のことを深く考えなくても、ちゃんと学校が進路を準備してくれて就職までお世話をしてくれます。しかし、そこから一度ドロップアウトすると、将来の可能性が極端に狭くなってしまうのが現状です。もちろん、今は私の学生時代よりもずっと選択肢が増えていて、その子に合った道が選びやすくなっているのは素晴らしいことだと思っています。

この教育システムは「安全」であり、「信頼」のおけるものではありますが、そこに甘えてしまうと、「自分がどんな人間で、何に興味を持ち、どんな才能があり、どんな生き方が向いているのか?」ということを考えることなく社会に出てしまうのではないかと思っています。

そして、20代後半から30代、40代にかけて「自分の人生、このままでいいのだろうか? ほんとうに自分がやりたいことは何だろう?」という命題にぶつかり、道に迷ってしまうのではないでしょうか。

だからこそ、そこから改めて自分と向き合い、自分の人生を「自分で決められるようになる」ことがとても大切になってくると思うのです。

いかがだったでしょうか。今日はここまでになります。他人のエピソードを通して、自分を振り返ることができたでしょうか。余裕のある人は、1日の締めくくりとして、次のワークに取り組んでみてください。今あなたは自分に意識が向いているはずです。次のワークで、より自分を掘り下げることで、2日目の「なぜ、あなたは『決められない人』なのか?」がよりスムーズに進められるでしょう。疲れた人は無理せず、早めに休んでくださいね。

DAY 1

1日目のワーク

1

パラレルワールドというものがあるとして、中学くらいで勉強に挫折して、ドロップアウトしてしまった自分がいると想像してみてください。その自分はどんな人生を歩んでいると思いますか？

WORK

2

子どもの頃のあなたがそのまま大人になったら、どんな人生を歩んでいると思いますか？

3

あなたの人生の決断に「親」の影響がどれくらいあると思いますか？「ある」という前提で考えてみてください。

2日目

なぜ、あなたは
「決められない人」
なのか？

私のカウンセリングでは、決められない自分に気づいたら、今度は「なぜ自分で決められないのか」を一緒に考えていきます。1日目で気づいた自分をより深く掘り下げていくのです。

誰もが生まれたときは、感情優先で、心が感じるままに生きています。それが成長するにつれ、理性が働くようになり、自分の頭で考えられるようになります。

誰かに反対されるとすぐ自信をなくし、自分で決められない人は、自分を犠牲にし、他人を優先しすぎる傾向があります。それは他人の声にばかり耳を傾け、自分の心の声とは向き合っていない状態です。そんな人も、もちろん赤ちゃんのときは自分優先で、自分の感情優先で生きていました。それが、大人になる過程で、何かしら他人を優先せざるをえない経験があり、それが癖となり、大人になっても他人を優先してしまうのです。

自分で決められない原因を知ることで、また一歩「自分で決められる島」に近づきます。自分の過去を掘り下げる作業は、ときに辛いことを思い出し、心に負担がかかることもあります。そんなときは、無理をして前に進もうとせず、本を閉じて深呼吸するようにしてください。

大丈夫。あなたに絡みついた過去も、3日目以降で脱ぎ捨てられるようにしていきますから。

1 今、決められなくて悩んでいるのは素晴らしい！

「正しい答え」がたくさんある時代に生きている

では、2日目を始めましょう。まずは、あなたが自分で決められないのは、時代のせいかもよ？　というお話から。

インターネットで世界中の情報に瞬時にアクセスできるようになって久しいです。SNSでは、さまざまな人とつながり、交流することができます。そんな情報過多な今の時代は価値観がどんどん多様化し、「正しい答え」がひとつではなく、むしろ、無数にあると言ってもいい時代です。

例えば、かつてはいい大学を卒業し、一流企業に勤めていれば福利厚生も充実し、年功序列と終身雇用に守られるので、自分で決めなくても、言われたことをまじめにこなし、それなりに頑張って経験を重ねれば、出世して給料が上がりました。それでマイホームとマイカーを持つことができて、老後は退職金と年金で暮らせるので安心して幸せでいられました。

しかし、今の時代、大企業だって安泰ではありません。一生ひとつの会社で勤めあげて、それなりに頑張れば給料が上がるのは昔の話。今は転職して給料が上がるケースも増えていて、業界によってはステップアップのために会社を変えることも常識になってきました。

会社員としてではなく、フリーで活動する人も増え（私もその一人です）、また、オフィスを持たない会社が出てきたり、ネットさえつながればどこに住んでいても仕事ができる会社もあります。

副業を認める会社もどんどん増えていますよね。私の知り合いは会社員をしながら、一方で、会社の許可を得てコンサルタントやセミナー講師として活動しています。

そもそも10年前は存在しなかったような仕事も増えています（Youtuberとか）。私のようなカウンセラーも、20年前は「そんなんでやっていけるわけがない」と言われていました。しかし、今はカウンセラーを職業にしている人はほんとうにたくさんいます。

とりあえず頑張っていても幸せになれない時代

夫婦の形もどんどん変化しています。事実婚はもう定着していますが、別居婚、週末婚もどんどん増えています。夫より妻の方が高収入の夫婦も珍しくありません。離婚率も上がってきているわけで、夫婦は同じ屋根の下でずっと一緒に生きていくもの、とか、妻が家事・育児をするもの、というかつての常識もどんどん過去のものになってきています。

子育ての仕方もどんどん変わってきていますし、学校だって徐々にですが選択肢が広がってきました（オルタナティブスクールやフリースクールを国が認め始めています）。

そして、新型コロナウイルス感染拡大の影響で、仕事だけでなく、生き方そのものを考えさせられているように思えます。テレワークが推奨され、とりあえず会社に行って頑張ればいい時代は終わりました。通勤から解放された経験を機に、これからも在宅で仕事をすることを望む方も増えた。家で過ごす時間が増えたので、どうその生活を充実させるのか？　楽しむのか？　を考えさせられた方も多いと思います。さらに、家族との距離感が縮まることで新たな問題が勃発した方もいれば、家族の大切さを強く実感された方も多いでしょう。この感染症の出現は、自分にとって何が大切で、何が大切でないのか？　を教えてくれているのかもしれません。

人間は選択肢が少ないのも窮屈でしんどいのですが、選択肢が多すぎるのもまた混乱してしまい苦しいものなのです。**「自分で決められない人」は、考えても考えても自分のやりたいことや、生き方が定まらず、他人に振り回されて苦しい思いをする人も多いでしょう。**

でも、逆に、自分に合った生き方ができる素晴らしい時代になったと言えます。

とりあえず言われたことを我慢してやっていれば幸せになれた時代は、一見幸せそうに見えますが、「ほんとうに自分は何がやりたかったんだろう」と考える暇もなく、あくせく働き、死ぬ間際になって、「こんな人生でよかったのだろうか」と哲学的に考えることがあったのではないでしょうか。

今はある意味、そんな哲学的なことを早い段階で考えられるいい時代なのです。自分で決められなくて悩んでいる人は、ほんとうの幸せを手に入れる一歩手前にいると思ってください。それはとても素晴らしいことなのです。だって、死ぬ間際になって「ほんとうはこれがやりたかった！」とか思いたくないですよね。

私が、20年以上、のべ2万人以上の人を見てきて確信できるのは、たとえ周りに反対されたとしても、前例がなかったとしても「私はこれがしたい！」と自分を貫いた人が幸せになっているということです。かつて選択肢が少なかった時代は、そこに自分を合わせられる順応性や適応能力が必要でした。器用さや我慢強さが求められてきたのです。しかし、選択肢が多い時代になると、今度は我慢強さではなく「個を貫く強さ」が求められ、そういう人が幸せになっていきます。過去のデータから論理的に答えを導くことはAIでもできますから、もっとわがままになって、自分で決めていいのです。

正しい解でなく納得解を求める時代

「自分を貫く」には、「自分の軸」をしっかり持っていないといけません。私はセミナーやカウンセリングで「他人軸ではなく自分軸で生きましょう」という言い方をよくしますが、**「他人が決める正しさ＝他人軸」ではなく「自分が心から納得できるか＝自分軸」で生きる人が幸せになる時代**なのです。そして、「他人軸」で生きていると答えは無数にありますから、自分で決められなくなるのです。

そうすると、かつての私のように「この学科を卒業した人はみんなＩＴ系の会社に進んでいるから、僕もそうしよう」と〝みんなと同じ道〟の選択が必ずしも正解とは言えず、「君はコンピューターが好きだからＩＴ系に行くんだね。僕は会社員に向いてないから起業するよ」という風に、私はどうする？　という意思決定が求められます。

だからこそ、自分のことを自分で決められる人になることはとても価値のあることだと思うのです。そして、仕事でも、家庭でも、お金についても、また、ライフスタイルも多様化している時代だからこそ、自分にとって心地よいスタイルを選択していく力＝決められる力が必要になっているのです。

2

自己肯定感は「自分で決める」と切っても切れない関係

周りに反対されてすぐ自信がなくなるのは、自己肯定感が低いから

まず、自分で決められない原因のひとつに「時代」の話をしました。そして「自分軸」で生きることが必要だと。

「自分で決める」ために「自分軸」に加えてもうひとつ大事なことがあります。それは、「自己肯定感」です。自己肯定感が低いと周りに何か言われるとすぐ自信がなくなり、自分で決められなくなってしまいます。よって、本書のワークはすべて、自分軸を取り戻し、自己肯定感を高めるためのワークになっています。

自己肯定感が低い、ということは、ありのままの自分を認められず、何かと自分を否定したり、自己嫌悪している状態です。

例えば、自己肯定感が低い人がAとBの選択肢の中から仮にAに決めたとしても、その決定に対して自分の内側から否定的な思いが出てきて、やはりBの方がいいんじゃないか？　という思いを抱くようになります（自己否定の癖がある人は、自分が選んだものが正しかろうが間違っていようが、とりあえず自分の選択を否定する癖があるものです）。

そこで内なる批判にこたえてBに変更したとしても、やはりAの方がいいんじゃないか？　という否定的な思いが出てくるので、なかなか決められない状態になるのです。そして、そんな決められない自分にもモヤモヤして、ますます自己嫌悪が募るのです。

さらに、自己肯定感が低い、ということは、そもそも自分に自信が持てません。となると、自分で最終決定として選んだAでほんとうにいいのか？　間違いではないのか？と疑いの気持ちがまた湧き上がってきて、決め切れない、という状況を作り出すのです。

それで、制限時間がきて「えいやっ」とAに決めたとしても、そのあと「ほんとうによかったのか？」という疑問が付いて回り、周りに何か言われたらまたすぐ自信がなくなり決められないのです。

3

根拠がなくても決断できますか？

決めるまでにウダウダする人と、決めてからウダウダする人

私のもとには、結婚・離婚、退職、出産、家の購入等々、人生の岐路に立ち、その先の決断に迷われている方が日々、相談に訪れます。そんな方々には、男女問わず「女性性が豊かな方は決めるまでにウダウダするものですからね」と伝えています。

夫と離婚するか悩んでいるある女性は「朝起きたらもう離婚しよう！　と思うんですが、夕方になると『やっぱり……』って考え始めてしまって、どちらか一方に決められないんです」とおっしゃいます。そんないつまでもウダウダしてしまっている自分に嫌

気がさしてしまうものですが、「女性性が豊かな方＝感情が豊かな方」は案外そういうものなんです（理由はこのあと説明していきます）。

その一方で、男性性が優位なタイプの人は論理的に問題をとらえるので「決める」のは迅速な人が多いのですが、その後実際に行動に移すまでにウダウダすることが多いです。

「もうこの会社には長くいられない！　と思って転職することを決めたのですが、実際、なかなか行動に移せないんです。日々忙しいこともあるんですけれど、ほんとうに転職先なんて見つかるのか？　もし、今よりも給料が安いところしか採用されなかったらどうしよう？　とかいろいろと考えてしまって」というように「決めたのに行動できない」のです。

なぜ、このようなことが起きているのか？　それを理解するためには「決める」ということには実は2種類の意味があり、それが一致しないと私たちは行動に移せないというルールがあるのです。それを次に説明していきましょう。

あなたは「頭で決めている?」それとも「心で決めている?」

さて、心理学的に「決める」とはどういうことなのでしょう? 1日目の最後の方に少し説明しましたが、とても大切なことなので、もう少し深く説明します。

そもそも私たちの心は「顕在意識」と「潜在意識」で成り立っています(正確にはもうひとつ「無意識」がありますが、この本は心理学の専門書ではないので、「無意識」は省略します)。

顕在意識とは、自分がはっきり意識できることで、思考や理性など、頭で考えたり、認識できたりする意識のことを指します。一方、潜在意識とは、ふだんは意識しないのだけど、何かの折に思い出したり、意識していないけれど私たちの思考や行動に影響を与える領域で、これは感情や感覚として表現されます。

つまり、顕在意識＝思考、潜在意識＝感情・感覚と理解されるとよいかと思います。

そして、「決める」ということは、この「顕在意識で決める」ということと、「潜在意識で決める」ということの2種類があるのです。言い換えると「頭で決める」と「心で決める」です。この2つが一致していないと、私たちは「行動」に移すことができないのです。


みなさん、こんな経験ありませんか？

「散らかり放題のデスク回りの片づけをしたいんだけどなあ、なんかできないんだよ」

「このレポート、今日中に提出しなきゃいけないんだけど、気が散っちゃって集中できなくて」

「ダイエット中だからお菓子を食べちゃいけないんだけど、つい手が伸びちゃって」

そう、「頭で分かっているけどできないこと」ですね。

これは「顕在意識＝思考」では「片づけした方がいい」「レポート書かなきゃ」「ダイエットしなきゃ」と考えているのですが、「潜在意識＝感情・感覚」が「そんなのめんどくさいな、イヤだな」と思っていることから来るのです。

頭では決められているけれど、心では決められていないので、実際に行動できず「できない」ということになるのです。

ダイエットしなきゃ！
あと××kg!!
頭では分かっているけど…
ボリ
明日から…
ボリ
POTA

なぜ、口だけで行動を起こせないのだろう？

私たちの心の中には「男性性」と「女性性」と呼ばれる部分があります。

それぞれ男性らしさ、女性らしさを表す要素で、そのバランスが個性を作っています。

例えば、みなさんの周りにも女性だけど男性的にバリバリ仕事をこなす女性がいるかと思います。彼女のことを「男性性の強い女性」と心理学の世界では表現することが多いです。これは「男性だから○○」「女性だから○○」という話ではないのでご注意ください。

さて、一般的に男性性が優位な人は男女問わず「思考的・理性的」になることが多く、一方、女性性が優位な人は「感情的・感覚的」に考えることが多くなります。つまり、前者は「考えることが得意」で、後者は「感じることが得意」です。

あるとき、男性性が優位な人（仮にXさんとします）、女性性が優位な人（同様にYさんとします）にAかBかのどちらかを決めなきゃいけない場面がやってきました。

そのときXさんは、その事案についてまず思考を動かし、「AとBのどちらにメリットがあるのか？　どうすることが効率的なのか？　どちらが正解なのか？」などと頭を働かせます。これは理論的に考えるわけですから比較的、結論（正解）が出しやすいんです。理論的なので「なぜなら○○だから！」とちゃんと根拠があります。Xさんのような男性性が優位な人は「Aにしよう！」と結論を出すのは早いのです。

例えば、転職先で迷っているなら「Aの方が給料がいいから！　私には子どももいて今後教育費がかかってくるから給料がいい方がいいじゃない！」というように。

ところが、男性性が優位なXさんは思考的であるがゆえに、感情にはあまり意識を向けません。そのため、頭で「A」に決めたとしても、そののちに心（潜在意識）が「えー違うよ！」などと思っていたら行動に移せませんから、（頭で）決めたあとにウダウダすることになるのです。

すると、「転職しようと思う！」と宣言したはいいけれど、その後に潜在意識（感情）があれこれ抵抗を示すので、「口では転職するって言ってるけど、一向に行動を起こさない自分」ができあがるわけです。一般的に男性性優位な思考的タイプの人は「言動の不一致」が指摘されることが多いのですが、それはこうした理由によるものと考えています。

男性性が優位な思考的タイプ

女性性が優位な感情的タイプ

一方、Yさんは思考よりも感情が優位ですから、AとBという選択肢が示されたときに理論的に、というよりも「気分で」どっちがいいかを選ぼうとします。今の気分はAなら今はAがいいと思います。しかし、感情というのは常に移り変わるものですから、しばらくたつと「やっぱりBの方がいいかな」と思い始めます。その結果、AとBでずっと揺れ動くことになるんですね。もちろん、その間にも頭で考えればAがいい、と分かっていても、感情が定まらないので「決める」までにウダウダしてしまうことになります。

つまり、**決めてからウダウダする人は、頭で決めただけで心で決められてないからウダウダするのであり、決めるまでにウダウダする人は、心が決まらないと決めたことにならないからウダウダしてしまうのです。**

さて、そうした男性性・女性性の違いから「決める」という意味が2種類あることをお話ししてきましたが、次からは「なぜ、決められないのか？」という理由をいくつかのパターンに分けて考えていきたいと思います。

4

あなたはどのタイプ？

さて、「なぜ、あなたは決められないのか？」を考える上で、いくつかのタイプに分けてその理由をお話ししてみたいと思います。

タイプ1　頭で考えすぎて決められない〜思考優位タイプ〜

そのひとつは「考えすぎ」。あれこれ考えすぎて、なかなか決められなくなってしまう人です。そもそもここでいう「考えてしまう」の背景には、のちに紹介する「失敗することへの怖れ」などさまざまな「怖れ」が隠れているものです。

つまり、「失敗したらどうしよう」と怖れがあるとき、私たちは失敗しない方法をものすごく考えます。そして、仮にそこでAという結論を導き出したとしても、その答えを信じきれない（＝怖れがなくならない）と「いや、Bの方がいいんじゃないか？」と

TYPE 1
タイプ1

頭で考えすぎて決められない
～思考優位タイプ～

考え始めてしまいます。そして、Aでもない、Bでもない、と結論を出せないまま考え続けるので、なかなか「決められない」ことになるのです。

さて、ここで何が起きているかというと、実は**考えることによって怖れを回避しようとしている**のです。

少しピンとこないかもしれないので、説明します。

「うまくいかなかったらどうしよう」という怖れがあると、私たちはその怖れを感じたくないので、何とかその気持ちをごまかしたくなります。そこで「考える」ということを始めるわけです。「Aかなあ、Aじゃないよなあ。Bかなあ。Bでも違うよなあ。ああ、どうしよう……」と。

つまり**「考える」ほんとうの目的は、ＡかＢかを「決める」ことではなく、「怖れを回避する」ということ**なんです。怖れを回避することが目的なわけですから、逆に答えが出てしまっては（決めてしまっては）困るわけです。

だから、そのとき私たちは「考えすぎ」な状態になるのですが、むしろ、それは自らが望んでいることなのです。

このタイプに当てはまる人は「分かってるんだけどなあ」という言葉が口癖になることも多いです。そう、よく考えているから「分かっている」わけですが、「分かっていること」と「決めること」は別物ですよね？　その裏に怖れがあるために、「決める」ということを無意識に回避してしまうのです。

TYPE 2

タイプ2

完璧さを求めると決められない
〜完璧主義タイプ〜

タイプ2　完璧さを求めると決められない〜完璧主義タイプ〜

また、その一方で「完璧主義」という性質も「決められない要因」を作ります。

何事も完璧にしようとする人たちは、物事を決める際に「完璧に成功が保証されている答え」を無意識に求めます。

つまり、間違いや失敗を怖れ、恥ととらえる傾向があるのです。しかし、物事を決める際に「100％確実」という選択はほとんどありません（もし、あったとすれば私たちは何も悩まないです）。

何らかのリスクがあるからこそ、私たちは迷い、決断を迫られるわけですから、完璧な答えを求めると、当然、何も決められなくなります。

そして、私たちが迷う選択というのはそのように「100：0」なんてことはないわけですから、悩み、真剣に考えるのですが、仮にどちらかに決めたとしても「こっちじゃない方がよかったかも」と後悔することもあり得ます。

完璧主義者はそれが怖いので、なかなか決められなくなってしまうのです。

「決められる人」になるためには、完璧主義を捨てることが求められるわけですね（その方法は明日お伝えします）。

タイプ3　正しさに振り回される～正解主義タイプ～

あなたは「正しさ」にこだわってしまうところはありませんか？　完璧主義者と似たところがあるのですが、「正しい答え」を追い求める癖がついていると、決められない人になってしまうものです。学生時代のテスト問題には「正解」が必ずあります。だから、それを推測すればいいのですが、人生における問題には正解はひとつではありません。もしかすると、正解がない場合もあるし、正解が何百何千とあることだってあります。

TYPE 3
タイプ3

正しさに振り回される
～正解主義タイプ～

「正しさ」を求めてすぎてしまうと、その無数にある正解に振り回されることになってしまい、決められなくなってしまうのです。

このタイプの方はカウンセリングの際に「私はこの場面ではこうするのが正しいと思うのですが、合っていますか？」と答え合わせを求めてきたり、「この場面では先方にどのように伝えるのが正解なのでしょうか？」と答えを欲する質問をよくされるのですぐに分かるのですね。

自分がどうしたいか？　という思いよりも、正しさを追い求めてしまうのです。

そうすると、頭で考える正しさと、心が不一致を起こしやすくなります。

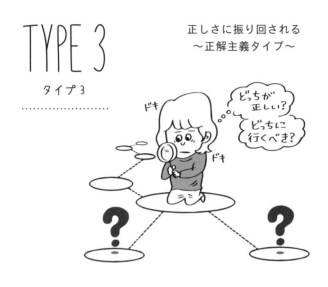

例えば、恋人と些細なことでケンカをしてしまったあなた。仕事で嫌なことがあってイライラしていたのを恋人にぶつけてしまったわけですから「自分から謝ることが正しい」ことは分かっています。しかし、恋人のそのときの態度を思い出すと「もっと違う言い方があったんじゃないか？」と怒りがぶり返してしまいます。そうすると頭で考える「謝るべきだ」という正解と、心が一致しませんから、「素直に謝る」ことを決め切れないでいるのです。

タイプ４　いい子でいたい～優等生タイプ～

また、あなたは家では「いい子」をし、学校では「優等生」をやってきた記憶はありませんか？　優等生タイプの方は、つい「こうすべき」「こうすべきでない」という理想に振り回されることも多いものです。

このタイプは自分がほんとうに望むもの（心が望んでいるもの）よりも、頭で考えた「ここはこっちを選ぶべきだろう」という思考にとらわれやすい傾向にあります。

そうすると「心」と「頭」の望んでいるものが異なっていますから、やはり決められなくなってしまうのです。「ここはAを選ぶべきだと思うけれど、でも、なんか納得し

TYPE 4

タイプ4

いい子でいたい
〜優等生タイプ〜

ていない」と。

以前、結婚問題でカウンセリングにいらっしゃった女性がまさにそんなタイプでした。

彼とは付き合って3年ほど。はじめは彼女が彼のことをすごく好きで付き合ったのですが、付き合う期間が長くなればなるほど彼女の気持ちは冷めていきました。価値観の違い、性格の不一致などがどんどん露《あら》わになってきて、ケンカも増えてきました。

しかし、いい年齢になって3年も付き合っていると、周りの人たちは「結婚はいつ?」なんて聞いてくるようになります。また、「ここで別れて次の人を探して見つかる保証もない」と計算も働きます。そんなときに彼女はプロポーズされるんです。

そのとき彼女は、素直に「はい」と言えない自分がいることに気づきます。彼女は優等生タイプでずっといい子をして生きてきました。親にとっても育てやすい子で、学校の先生からの評価もとても高かったんですね。だから、いつもそうした周りの期待に応えてきました。

プロポーズされたときも「3年も付き合っているわけだし、周りの人も彼をいい人だと言うし、親も『早く結婚しなさい』て言ってるし、だから、ここはプロポーズを受けるべきだろう」と彼女は考えました。しかし、心にはどうしても違和感があったのです。

そこで私のところに相談しに来ました。

そのとき私は「好きにしたらいいけど、彼のことはあまり好きじゃないのかな？　このまま結婚しても、後悔する確率は相当高そうだよね」とお話ししました。

「そうですよね」と頷《うなず》く彼女。しかし、カウンセリングを受けたあとも、彼女はずっと悩み続けました。結婚するかどうか、全然決められないのです。そして、何度かのカウンセリングのあと、彼女はその気持ちを全部彼に伝えたのち、お別れすることを自分で決めました。

タイプ5　波風立てないようにしてきた私〜調整役タイプ〜

先ほどの「優等生」にもつながるところはありますが、ふだんの人間関係でも「調整役」を担うケースが多い人もまた「決められない人」ですね。

ここでいう調整役とはこんな特徴を持った方々です。

□　周りの人の意見を聴いて平等に判断しようとする
□　自分の意見を言わずに、みんなの意見から判断しようとする
□　そもそも自分の意見があまりない
□　自己主張が苦手なので、周りに合わせる傾向がある
□　だから、自分の意見を押し通すことは苦手

このタイプは争いを好まない平和主義の方も多く、自分の意見を押し殺してでも、みんなが喜ぶ結論を導き出そうとする傾向があります。もし、自分の意見を主張して対立

TYPE 5
タイプ5

波風立てないようにしてきた私
〜調整役タイプ〜

しようものなら、どうしていいか分からなくなってしまうからです。

もし、グループに自己主張が得意な人がいたら、その人の決定に従うようにします。仮にそれが本意ではなかったとしても、その方が場が丸く収まるからです。

だから、自分が決めなきゃいけない立場になると途端に困ってしまうのです。

みなさん自身もそうかもしれませんが、職場で「決められない上司」がいたらとても困りますよね。意見を集約するのはとても上手なのですが、肝心の結論となると、つい先送りにしてしまい、物事がなかなか進まなくなってしまうのですから。

5

あなたは何を怖れていますか？

ここまで読まれてきてなんとなく気づいている方もいらっしゃると思うのですが、決められない事情の背景には何らかの「怖れ」があります。

例えば、「間違えることが怖い」ので、頭で考えすぎてしまうし、完璧な答えを求めますし、正しい答えを求めるのです。調整役に徹する人は間違えて周りに迷惑をかけたり、周りの人から非難されたりすることを怖れているのではないでしょうか。

さらに、もう一段階深く見れば、間違えることへの怖れの下にはさらに別の怖れが隠れているものです。

ここでは、決められない原因となりうる〝怖れ〟をタイプ別に見ていきます。

怖れのタイプ1　間違った決断が原因で失敗することへの怖れ

自分が決断を間違えることで、その物事が失敗したらどうしよう……という怖れです。

洋服選びに失敗して、全然自分に似合わない服を買ってしまったできごとや、経営判断を誤って、順調に進んでいたプロジェクトを失敗させてしまうことなど、「決めること」の先にある「結果」が望んだものでなかったときに私たちは大きなショックや失望感、自己嫌悪、罪悪感を覚えてしまうものです。そうすると、失敗することへの怖れから、間違いを怖れ、決められなくなってしまうことは想像に難くないと思います。

怖れのタイプ2　間違えたときに大きな損失になるんじゃないか？という怖れ

自分が決めたことで、誰かに損失を与えてしまったら……、その補償を自分が背負わなければいけなかったら……、とても怖くて決めることなんてできなくなるでしょう。

「この人と結婚しちゃったせいで、私の人生、ほんとめちゃくちゃだわ」なんて誰も思いたくないので、なかなか結婚を決められない人だっています。間違った選択をしたときに想定される損失が大きければ大きいほど、私たちは決めることに躊躇してしまいます。

怖れのタイプ3　人から笑われたり、バカにされたり、見下されたりする怖れ

子ども時代、学校で先生から指名されて答えたのに、それが間違っていて同級生から笑われた経験はないでしょうか？　私たちは選択を誤ると他人から笑われるような、バカにされるような、そんな怖れを持ちやすいものです。そのため、物事を決めるときに慎重になりすぎたり、無難な結論にしようとしたりしてしまうこともあるくらいです。周りの人の目が気になる人が「決められない人」になってしまう理由には、この怖れが大きく寄与しています。

怖れのタイプ4　相手を失望させる怖れ

あなたが決めたことが間違っていて、それによって相手を失望させる可能性があるとしたら、決めることに強い怖れを抱いてしまうのも無理はないことでしょう。私たちは誰かの期待に応えたい、と思っているわけですから、その期待に応えられなかったら自分自身に対しても失望してしまいます。誰かの期待に応えるべく頑張って生きている人は、この怖れが決められない原因になっています。

怖れのタイプ５　責任を取ることへの怖れ

決められない人が怖れるもうひとつの代表的な理由は「責任」への抵抗です。

もし、自分が決めてしまって、それがうまくいかなかったら自分が責任を取らなきゃいけない……という怖れがあり、さらには、その後、賠償しなければ、謝罪しなければいけないとか、はたまた、周りから批判されたり、怒られたり、失望されたりするとしたら……やはり「決めること」は回避したいですよね。

それは会社の方向性を決めるような重大な決断であっても、恋人と行く日曜日の映画であっても、この責任を取ることへの抵抗は出てきます。

実際、大企業が不正を起こした事件でも責任の所在をあいまいにした説明が経営陣からなされている場面をよく目にしますが、どんな立場の人間でも「責任を取りたくない＝批判されたくない」という心理は働くものです。


このように「責任」は「重たいもの」という認識がありますが、心理学では少し違ったとらえ方をします。**「責任というのは、取らされるものではなく、取りたくな**

るもの」と心理学では表現しているのです。

例えば、あなたが主体となって進めているプロジェクトがあるとしましょう。自分がやりたい仕事であり、ぜひ、成功させたくて頑張っているものです。しかし、プロジェクトチームを構成するのも、その予算を使うのも、あなたには決裁権がなかったとします。それはあなたの上司が握っているもので、あなたはチームメンバーを新たに迎えるにしても、試作品を作るための見積もりを取ることも、その上司のハンコがないとできないのです。あなたが前向きにそのプロジェクトに取り組みたいと思えば思うほど、その決裁権がないことにストレスを感じると思いませんか？　場合によっては、自分は会社から信頼されていないように感じてしまうことだってあるかもしれません。

この決裁権というのは「責任」のひとつの表現です。なぜなら、プロジェクトに何らかのトラブルが生じた場合、決裁した人間が責任を取ることになるのですから。とすれば、あなたが前のめりになって取り組みたい仕事がある場合、自ら「責任を取りたくなる」わけです。つまり、「責任」にはとても前向きな意味を持つ側面があるのです。

さて、2日目の今日は、決められない原因を探ってきました。そもそもの「時代」の話と、「自分軸」「自己肯定感」の話、そしてタイプ別の決めらない人と「怖れ」のお話。これらが複合的に絡み合って「決められない人」を作り出しています。明日は、これらの原因をひとつずつ脱ぎ捨て、自分軸を確立する第一歩を踏み出す1日です。

DAY 2

2日目のワーク

1

あなたが決められない人である理由で思い当たるものを書き出してみてください。それはすなわち3日目以降に「捨てるリスト」でもあります。

WORK

2

あなたが決められる人になったならば、あなたの人生はどう変わっていくと思いますか？　自由に想像してみてください。

3日目

これまで
身につけた
鎧《よろい》を脱ぎ捨てる

誰にだって、「嫌われたくない」「失敗したくない」という怖れはあります。ただ、決められない人は、これらの気持ちが非常に強く、常に不安感でいっぱいな人も少なくありません。2日目でお話しした「完璧主義」や「理想主義」などは、「嫌われないため」「失敗しないため」に身につけた思考なのです。いうなれば、自分を守るために身につけた鎧なのです。

この鎧によって、決められないあなたは身動きが取れない状態になっています。3日目は、この鎧をひとつずつ脱ぎ捨てていくためのワーク中心の1日です。自分で決められない人は、他人軸で考える癖があるため、他人を優先します

ぎる傾向にあります。そのため、「自分がない」状態におちいります。でもほんとうは、「自分がない」のではなく、「自分が見えていない」状態なのです。

今日のワークは、自分を縛っていた鎧を脱ぎ捨て、ほんとうの自分に出会う作業をしていきます。これは、自分軸を確立するために、非常に重要な作業です。

今日は、ワークが中心で少しヘビーに感じる部分もあるかもしれませんが、すべてのワークをやる必要はありません。「自分に当てはまるな」と思うものだけ取り組んで、他のものは、余裕があればやる、という意識で読み進めていただければと思います。

1 理想主義を捨てる

あなたは「〇〇すべき」が口癖になっていませんか？

「こうあるべき、べきでない」という「べき論」によって構成されるのが理想主義です。

まず最初に脱ぎ捨てていくのは、この理想主義です。理想は、多かれ少なかれ誰もが持ち合わせている要素です。人間なら誰しも「こうありたい」「こうなりたい」と思うもので、素晴らしいことです。2日目で紹介したどのタイプの人にも理想はあるはずです。ただ、理想が強すぎると厄介です。

理想主義とは、

「入社6年目なのだから、後輩の指導にも熱を入れるべき」

「上司に期待されているのだからそれなりの結果を残すべき」

「いい大人なのだから冷静に物事に当たるべき」


というように、「理想的な状態」に常に自分自身を当てはめようとすることです。

この理想が自分の心の底から湧き出たものなら、モチベーションの源泉になり人生にいい影響を与えます。

しかし、この**理想が大人になる過程で他人から植えつけられたものである場合、逆にプレッシャーになってしまったり、強い自己否定を生んでしまったりする場合も多く、他人の声に敏感になり、自分を貫けなくなることも大いにあります。**


しかも、常に理想を求めるということは、同時に常に今の自分を否定し続けることになるので、自己肯定感も著しく低下しやすいもので、それゆえに、どれだけ実績を残し、周りから評価されたとしても自信が持てなくなってしまうのです。

また、常に背伸びをしているような状態ですから、単にすごく疲れてしまいます。

この理想主義は、親から厳しく育てられたり、周りから異常なほど期待されて育ってきたり、偏差値の高い大学を出ていたり、プライドが高かったりする人に特に多く見られ、常に頑張って成果を残している一方で、本人はすごく苦しんでいることが多いものです。

さて、この理想主義を捨てるにはどうしたらいいのでしょう。いくつか方法を提案したいと思います。

①　「私は○○したい」「私は○○する」と「私は」を主語にして生活する。
例）「私は今、ワインが飲みたい」「私は今からビストロに行く」「私は今、何がしたいの？」

②　次の言葉を暗記するくらい覚える。
「私は人の期待に応えられなくても愛されている」
「私はそのままの自分でも人に愛される」
「ダメな私を出しても嫌われない」
「私はもう頑張らなくても大丈夫」

③ ふーっと大きく深呼吸して足の裏に意識を向けて、「地に足が着いている」実感を得る。

理想主義者は「背伸びをして生きている」状態なので、ふわふわした状態になりやすいのです。あえて「地に足が着いている状態」を作り出すことで気持ちが落ち着いて、今の自分と向き合いやすくなります。

④ 「こうあるべき」と思っていることをメモ用紙に書き出して、そのひとつひとつを丸めてゴミ箱に捨てる。

2

完璧主義を捨てる

さて、「決められない人」にとってこの2日目でも紹介した、「完璧主義」ほど厄介なものはないかもしれません。

完璧主義というのは「ちゃんとしなきゃ」が口癖の人に見られるのですが、ファッションやメイク、部屋に、オフィスのデスク、そして、言葉遣いや考え方、歩き方に至るまで「完璧でありたい」という思考を作り出します。常に自分を監視し、ちゃんとしてないところを指摘する存在ですから、どこか窮屈で、不自由な生き方になってしまいがちです。

しかも、人間は何事も完璧にこなすことはできませんから、メイクやファッションはばっちりなんだけど部屋がとても散らかっていたり、言葉遣いや所作はきちんとしているのに髪型には無頓着だったり、どこかしら「全然完璧じゃない部分」を持つことも多いのです。むしろそれが人間だと言ってもいいでしょう。

そして、完璧じゃない部分を自分でいつもチェックしているのでとても自己嫌悪感が強く、自己肯定感も低くなりがちです。

そんな完璧主義者にとって「決める」ということは一大事です。ちゃんとした完璧な答えを導き出さなければいけませんから、誰かに少しでも反対されたり批判されたりすると、「やっぱダメなんだ」と思い、前に進めません。

この完璧主義を捨てることは、自らを縛る「ちゃんとしなきゃ」という鎖を解き放ち、心に余裕を与えてくれることになります。そうすればきっとより広い視野を持って物事を決めることができるようになるでしょう。

では、その完璧主義の捨て方をいくつか伝授したいと思います。

....

①　「完璧ではない私でも愛される」「完璧ではない私も許されている」という言葉を何度も繰り返し自分に言いましょう。

....

② ファッションやメイク、ヘアスタイルに少し抜け感を意識します。例えば、シャツの一番上のボタンを外して1日過ごしてみる、とか「ちゃんとしない」を意識します。はじめはぎこちないですが、徐々に慣れていきます。

③ 「今できることをやればいい」という意識を持ち、「できること」と「できないこと」の線引きをします。そして、「できること」だけやっていくようにします。
例えば、朝、仕事（家事）を始める前に「今日できることは何か？」を具体的にリストアップしてみて、それを実践してみます。そのリストをお昼休み、また、夕方にチェックしてみて「今日できないこと」を削除してみます。そうして「今日できることを今日やる」という習慣をつけていきます。平日に実践するのが少し難しい方（仕事量を自分で決められないなど）は、休日にやってみるとよいでしょう。

④ できるだけ時間に余裕を持たせた行動を意識します。待ち合わせの時間の15分前に到着するようにしたり、1時間でできる仕事に2時間かけてみたり。

⑤ 完璧主義者は「完璧にできないことはしない」傾向があり、部屋の片づけが手つかずになることが多いようです。そこで、思い切って部屋の断捨離をして、不必要なものを捨てるようにします。部屋の断捨離が大変そうな場合は職場のデスクの上、あるいは仕事で使用しているパソコンのデスクトップからいらないファイルやフォルダを削除するようにしてみてもいいでしょう。

3

正解主義を捨てる

正解主義とは、物事を決めるときに「何が正しいか？」にとらわれてしまっている状態です。完璧主義と似ていますが、完璧主義者は「自分にとって完璧であること」という主観的な基準（といっても成長する過程で誰かから刷り込まれている場合も大いにありますが）で完璧かどうかを判断するのですが、正解主義者の言う「正しいかどうか」は「客観的に見て正しいかどうか」という判断をする点が異なります。

特に学校のテストなどの影響から「正しい答えはひとつである」と無意識に思い込んでいて、そのたったひとつの正解を導き出すために考えすぎてしまうのです。そのため、いつまでたっても決められなくなってしまいます。

また、この正解主義により「間違えるのが怖い、恥ずかしい」といった感情が生まれるので、その結果、より考え込むようになってしまうのです。

しかし、「正解はひとつではなく、無数にある」のが社会の仕組みです。

そして、「ある時点での正解は、別のタイミングでは不正解になる」こともよくあります。つまり、過去の成功法則は通用しないことが多いわけです。

そして、そのような「解答例」や「成功法則」は数多く存在しています。

ダイエットがいい例ではないでしょうか？　次々と新しい方法が生み出されています。もし、これをやれば誰でもダイエットに成功する！　という方法が見つかっているならば、他の方法はすべて淘汰されているはずです。

では、この正解主義から脱却するいくつかの方法を提案したいと思います。当てはまる人はぜひ、やってみてください。

……………

①　まずは日々、思い出したときに「正解は無限にある！　間違えてもいい！」と唱えてみます。例えば、家から駅まで、あるいは、駅から職場まで歩く間にぶつぶつとつぶやくようにしてみます。

……………

② あえて間違えてみることで、今まで気づかなかった何かに気づいてみます。
例）家に帰る道や電車をあえて間違えてみる。
例）アポイントの時間をあえて間違えて30分早く到着してみる。

③ ひとつの命題について、答えを2つ以上探す癖をつけてみます。
例えば、「ワクチンは効果があるか？」という命題について、効果がある、という意見と、効果がない、という意見の両方を調べてみる。

例えば、「カレーの作り方」を複数試してみて「どれも美味しい」という実感を得る。

④ 「とにかくやってみる！」と〝決めて〟思いついたことはすべて実行してみます。例えば、レシピを見ずに料理を作ってみて何とか美味しく仕上げてみる、目的地までの経路をスマホで検索せずに自分で思い当たるルートで目的地までたどり着いてみる、ランチやディナーの場所をネットで検索

せずに店構えを見て選んでみる、など日常の中であえて正解を探さずに行動することを意識的にやってみます。

これが最も実践的な「正解主義の捨て方」で、何が正解か分からないのだから、とにかくよかれと思うことを片っ端からやってみることで、意外とうまくいくことを自分に体験させてあげるのです。

4

優等生を捨てる

□ 周りの人に迷惑をかけないように生きてきた
□ 場の空気を読んで、求められている言動をしてきた
□ 親から「育てやすい子」「手のかからない子」と言われてきた
□ 今から思えばきょうだいを気にして自分の気持ちを我慢してきた
□ クラスの中でいつもまとめ役を先生から命じられてきた（学級委員など）
□ 周りの人の期待に応えるために一生懸命頑張ってきた
□ 自分の気持ちよりも周りの人の意見や気持ちを優先してきた
□ 場の空気を乱すことが嫌な平和主義的なところがある
□ いわゆる一流と呼ばれる高校、大学、就職先を選んできた

思い当たるところはいくつくらいありますか？

優等生やいい子をしてきた方とよくお会いしますが、一生懸命頑張って、素晴らしい学歴や職歴を誇っているにもかかわらず、なぜか自信がなく、将来を決めかねている方が少なくないように思います。

親や先生、同級生など、周りの人の期待に応え、彼らが望む道を歩んでいくのは、それなりの実力がないと難しいわけですが、一方で、それは「自分自身」を見失わせるリスクがあります。どこかで挫折した経験があれば、その道を外れる（＝自分らしい人生を選べる）ことができるのですが、ずっと成果を出し続けていると、いつしか自分がほんとうにしたいことや、自分が望む人生が見えなくなってしまいます。

そして、**優等生をしてきた方は、その器用さゆえに、自分の意見よりも周りの意見を尊重する傾向があるん**ですね。その背景には「私は大丈夫」という思い込みがあるケースもあるんです。

だから、優等生タイプは自分自身で物事を決めてきたように思えて、実は周りの期待に応えてきたケースだってありますし、そもそも自分主体で物事を決めることができない人もいます。つい、**周りの人の様子をうかがって、最適解を導き出そうとする癖があるからです。**もちろん、その最適解がたまたま自分の意志と重なることはありますが、たいていはそうではないものです。

優等生タイプの方は、自分が多少しんどい思いをしたとしても、自分に期待してくれている周りの人を失望させたり、悲しませたりすることがすごく嫌いです。

でも、それは時にとても窮屈で、自己喪失な人生を歩むことになってしまいます。

周りの人の意見を重んじるわけですから、「自分で決める」ということはとても苦手なのですね。

そんな優等生的な生き方を捨てるにはどうしたらいいのでしょうか？　以下のワークをやってみてください。

①「私は全然大丈夫じゃない」と何度も言葉にしてつぶやいてみる。

②「今私はどうしたいの？　今の私は何が欲しいの？という問いかけを日常的に行う。はじめは何も答えが出てこなくても構いません。そうして「私

は」という意識を持つことで、周りの期待に応えようとしたときに「あ、これは私のしたいことではない」ということに気づけます。

③自分が今まで周りの人の期待にどう応えてきたのかを思い出し、それを書き出してみます。例えば、中学受験は父親の期待に応えるため、クラブでキャプテンになったのは顧問の先生や同級生たちの期待に応えるため、あの大学を選んだのは偏差値もあるけれど親や先生たちの期待に応えるため、など。もちろん、100%他人の期待に応えたわけではないと思いますが、自分がいかに誰かのために頑張ってきたのかを実感してみます。

④「No」をはっきり言う癖をつける。今までの自分ならば少々気が乗らない仕事や誘いにもYesと言ってきませんでしたか？　もし、自分が望まないならば「No」とはっきり宣言することを意識してみてください。いきなりすべてにおいて「No」を表現するのは難しいと思うので、「自分が断っても差し支えがない依頼」とか「自分以外にも担当できる人がいる業務」などについて実践してみるとよいでしょう。また、その頻度も「5回に1回」くらいを目指してみるとハードルが下がると思います。

5

調整役を捨てる

調整役とは、2日目でもお伝えしたように「優等生」に近いものもありますが、自分の意見や考えは述べずに、周りの意見を聴いてみんなが満足する結論を出そうとする人のことを言います。周りの人の話を聴いて、まとめ役を担うわけですから、人望があったり、人気があったりするのですが、自分の意見はほとんど表現しないので、一方では「何を考えているのかよく分からない」とか「何をしたいのかがはっきりしない」などと思われている可能性もあるのです。

つまり、このタイプの方も「自分がいない」状態になってしまうのです。

みんなに満足してほしいので、周りの人に相談しまくるのですが、当然ながら人によって意見が異なるものですし、少しでも反対されたらその人には満足してもらえない気がして、いつまでたっても決められないことになります。

みんなが喜ぶ選択をしようという試みはとても重要ですが、それによって自己喪失を起こしてしまっては不安で、窮屈で、自信のない人生を歩むことになってしまうでしょう。

そんな調整役の人はみんなから愛されているものの、そうした窮屈さがあるのでその愛を全然受け取れないという特徴もあります。

そんな調整役を捨てて、自分らしい決断ができるにはどんな方法が考えられるでしょうか。

---

① 「私は○○する」「私は○○したくない」「私は○○が好き」「私は○○が嫌い」と自分の気持ちに素直に、正直になることを意識してみます。そのために主語をはっきり意識して会話するようにしましょう。

② 調整役の人はあらゆる場面でそうなってしまうとは限りません。自分の意見をはっきり持ち、それを主張している分野はないでしょうか？
例）好きなアーティストに対しては、自分の意見を持ち、自分らしく行動

できていると思う。

例）会議や複数の人との共同作業では自分を見失っているかもしれないが、自分なりの方法で書類をまとめるときは、意外と自分の意志や意見をはっきり言えているのではないか。

③ 自分が好きな人、大切に思う人、愛する人、感謝している人に対して、ファンレターを書いてみます。好きな思いや感謝の気持ち、そして、その人の存在によって今の自分が支えられている思いなどをただ書き出してみます。このファンレターは実際に相手に渡さなくても構いません（その方が自由に書けると思います）。

④ 自分一人の時間を「自分時間」と名付けて、そこではわがままに、自分勝手に過ごすことを自分に許してみます。夜更かしして好きなだけ映画を見てみたり、食べたいものを食べたいだけ食べてみたりして自分時間を思い切り楽しむ経験を重ねていくと、他人と一緒にいるときにも自分を出しやすくなっていきます。

6

「頑張りすぎ」を捨てる

「決められない人」のお話を伺っていると、とてもいい人だけれど、ちょっと不器用だな、と感じるところがあります。それは何でも頑張りすぎる、ということ。ずっとアクセルを踏み倒して走っているようなもので、とても危険ですし、やはり壊れやすくなります。

人生で頑張ることは、ときに大事なことですし、素晴らしいことですが、「頑張っている人が素晴らしい」が「頑張らなきゃ素晴らしくない」になると、それは一種の呪いです。

しかも**頑張りすぎている人は、自分にあまりその自覚がありません。それどころか「自分は全然頑張ってない。もっと頑張らなきゃ。あの人はもっと頑張**

っているのに」とどんどん自分を追い込もうとしています。

常に全力で走っているのでバテることも早くなりますよね。とても長距離は走れません。でも、人生は長距離走なのです。

以前、あるクライアントさんが無理やり休暇を取って1週間ほど東南アジアのリゾートに出かけました。朝から晩までエステ三昧で、美味しいご飯を食べ、夜はよく眠る生活をしていたら、あることに気づいたのです。

「自分がいかに無駄なことに力を注いできたかが分かったんです。頑張らなくていいことを頑張ってしまうので、頑張るべきところでガス欠を起こしちゃったんです」

みなさんも心当たりはありませんか？

まずは「頑張りすぎてるんだな」ということに気づくことが大事です。その後、ここは力を入れたらいい、ここは力を抜こう、と自分で決められる自分になっていきましょう。そこで、頑張りすぎを捨てるいくつかの方法をご紹介したいと思います。

……………

① 今、実際に声に出して（小声でも構いません）、「私はもう十分頑張ってきた。これ以上頑張りたくない」と10回言ってみます。もし、心に響いたら、

……………

これを口癖になるくらい日々何十回と言葉にしてみます。

②スマホもパソコンも仕事の資料も持たずにカフェ／公園／バー／銭湯に行って1時間ほどぼーっと過ごす習慣をつける（オフにする時間を作る）。

③週に1回定期的にエステ／マッサージ／ネイルサロンに行って「頑張ること」から強制的に抜け出す時間を作る。

④「○○しなければならない」の「○○」を考えてみてください。仕事のこと、家のこと、人間関係のこと、何でも構いません。「今日中にこの書類をまとめなければいけない」「A社のBさんに来週のアポを取っておかなければならない」「クリーニングを取りに寄らなければならない」「帰りに卵とごま油を買わなければならない」等々。
そうしたら、「ほんとは○○したくない！」と言い換えてみてください。「したくない」からこそ「しなければならない」と思うので、心に寄り添う練習です。

⑤〝堕落する日〟を月に1、2日作る。
これは意図的にやるもので「この日は朝から堕落する」と決めて行動しま

す。1日ゴロゴロする、でもいいし、朝から晩までひたすら家にこもってゲームする、でもいいですし、朝からホールケーキを食べたり、昼から飲みに行ったり、意識的に自分を緩める日を作ってみます。

1 「怖れ」を捨てる

2日目でも説明したように、「決められない人」にとって、「もし自分で決めて、○○になったらどうしよう」という怖れは非常に強い制限となり、ますます決められなくなってしまいます。うまくいかなかったら、間違えたら、誰かに迷惑をかけたら、取り返しがつかないことになってしまったら、後悔したら……この○○にはさまざまな言葉が入ります。

でも、どうして○○になってしまう可能性をあなたは知っているのでしょう？

前にそんな体験をしたから？

うまくいかなくてひどい目にあっている人を知っているから？　バッシングされている人の姿を見てきているから？

そんな直接的、間接的な原因があって、○○になってしまう怖れを抱えて込んでいるとするならば、そこにあるのは「強烈な自己否定」というべきものです。自分のことを信頼できずに、きっとまた失敗するだろう、どうせまた誰かに迷惑をかけるのだろう、という風に思い込んでいる自分がいるのです。

つまり、**かつて失敗したり、誰かに迷惑をかけたりした自分を今もひどく責めているのです。**

だから、そんな自分を許してあげることが大事です。もう十分、自分のことは責めましたよね？　罰しましたよね？

そんなときは「あなたのした失敗はもう許されました」と心に語りかけてあげてみてください。

「自分で自分を許す」というのは、あらゆるテーマにおいて大切なアプローチなのです。

そもそも「怖れ」という感情はとっても嫌なものなのですが、それゆえに現実に起きていることと想像の中（怖れの中）の世界の区別がつかなくなってしまうことがよく起きています。

怖れの感情はこんな風にたとえられます。

「怖れは、壁に投影された子猫の影を見て怯えるようなもの」

子猫に光を当てて壁にその影を映します。そうすると壁には大きな化け物のような影が映っているのですが、私たちはその壁を見て怖れを感じている、というのです。

だから、怖れとしっかり向き合うことができれば（壁ではなく、その実態を見つめてみれば）、自分が思っているほど怖いものではないことが分かるものです。

「私は何を怖れているのか？　私はなぜ怖れているのか？」という質問は、その実像を掴むのに有効です。これを見つめていくだけでも、ずいぶん怖れが軽減できるものです。

この2つの方法以外で怖れを捨てるアプローチをご紹介したいと思います。

……………

①　「失敗してもいい、笑われてもいい、後悔してもいい、誰かに迷惑をかけてもいい」と許可を自分に与えます。

……………

「失敗してはいけない」と思うと、プレッシャーがより強くかかります。

しかし、それを逆に許してしまうと心には不思議と余裕が生まれます。

この言葉が言えるようになったら、次の②に取り組んでみてください。

②
「失敗しても何とかなる、笑われても何とかなる、後悔しても何とかなる、誰かに迷惑をかけても何とかなる」

「何とかなる」という言葉は自分を信頼できるようになるための言葉になります。そして、自分を信頼できるようになる、ということは自分の周りの人を信頼する言葉にもなります。この①②の言葉を日常的に口にしてみると、自分にかかるプレッシャーが徐々に溶けていき、あるときふっと開き直れるようになるのです。

③
自分が決めたい物事について、それでうまくいった人の話を聴いたり、ブログや本を読んだりする。

もしあなたが転職や独立起業を迷っているならば、それで成功した人の話を聴きに行ったり、ブログや本でその体験談を読んでみるのです。これは「成功イメージ」を自分に植えつける方法で、「何とかなるかもしれない」とその気にさせることができます。その気になると怖れは自然と消えていますから、決断も早くなるでしょう。

④

誰かに話を聴いてもらう。何度も何度も。

怖れも感情のひとつです。だから、それを誰かに聴いてもらうだけで安心します。頭の中でぐるぐると考えているとどんどん怖れって増幅してしまいませんか？　だから、人に聴いてもらいます。カウンセラーに相談してみるのもお勧めです。「決める」ためではなく「怖れを捨てる」ためにカウンセリングも利用してみてください。

⑤

自分の気持ちをノートに書く。

カウンセラーや誰かに話を聴いてもらうことができない時間には、その怖れをノートに書き出してみることをお勧めしています。私はクライアントさんに「今度私（根本）に会ったら聞いてほしいことをノートに書いておいてください」とお願いしています。そうすることでまるでカウンセリングを受けているときのように自分の気持ちを吐き出すことができ、気持ちがすっきりしてくるのです（これを私は「エア・カウンセリング」と呼んでいます）。

ニャー
ヒエーー!!
ヨシヨシ
怖れは
壁に投影された
子猫の影を見て
怯えるようなもの

8

「責任を取ることへの抵抗」を捨てる

自分で決めることは責任が生じるものですが、2日目にもお話ししたように「責任とは取らされるものではなく、取りたくなるもの」です。責任がない仕事というのは楽ですが、緊張感にかけ、やる気も出ないものです。しかし、責任が生じることで、しっかり仕事に向き合うことができるようになります。

とはいえ、責任を取るのはしんどいし、めんどくさいこともたくさんあるし、イヤだなあ、と思ってしまうものです。

特にあなたが今決めようとしていることが、これからの人生を左右するものであったり、周りの人を巻き込むものであったりするならば、やはり慎重になってしまうと思うのです。

そこで、その「責任を取ることへの抵抗」を捨てるアプローチをいくつか紹介したいと思います。

① 仲間作り（＝共犯者作り）を行う

「自分の意志や意見を貫く」というのは、孤独なイメージはあるかもしれません。しかし、あなたが決めようとしていることが、人生を左右するような大きなテーマであるならば、なおさら勇気がいり、一人で決めるのは難しいことです。とはいえ、他人の声に敏感な人は、たくさんの人に意見を聴きすぎると、敏感さゆえに決められなくなってしまいます。そこで意見を聴くのではなく、「仲間を作る」意識で協力を求めるのです。

それはあなたが「助けを求める」「協力をお願いする」「相談相手になってもらう」などの方法で可能になります。最終的に決めるのはあなた自身なのですが、そこで仲間がいる、というのはとても心強いものがあります。

もし、あなたが離婚して新しい人生を踏み出そうか迷っているとしましょう。その思いを友達や家族、カウンセラーなど、仲間になってくれそうな人にどんどん話していくのです。もちろん、それでも応援してくれる人もいれば反対する人もいるかもしれませんが、それは織り込み済み。そして、離婚してうまくいっている人に会いに行ったり、逆に離婚を思いとどまってうまくいっている人に相談したり、抵抗感が薄まるまで続けてみるのです（もちろん、最後に決めるのは自分、という思いは忘れないでください）。

② 決めることで生じうる責任に準備をしておく

あなたが決めることで生じる責任とは具体的にどのようなものなのでしょうか？　それをまずは具体的に考えてみます（例えば「離婚を決めること」で生じる責任とは、子どもを育て、生活していくための収入を得ること、正社員として働くこと、実家の家族にきちんと説明すること、シングルマザーとして世間から見られることへの覚悟、等）。

そして、それに対する対策をはじめに行っておきます。ここでもポイントは「実践」です。頭の中で考えるだけではあまり意味がなく、実際に行動することがとても大切なのです。正社員としての職を探す、家族と話し合いの場を持つ（場合によっては援助をお願いする）などです。こうしたアプローチはビジネス上ではごく自然に行われているかと思いますが、これをプライベートなできごとにも適用するのがポイントです。

しかも、この方法の良いところは責任に対する準備をしていくことで、だんだん決意が固まっていくことです。

ちなみに「離婚するかどうか迷っている」という段階であっても、この方法は有効です。ただし、離婚する場合としない場合とで、起こりうる責任が変わるので、対処すべき方法が変わるのですが、なるべくその両方を準備していくことをお勧めしています。そうすると、この責任に対する準備をすることでどちらを選ぶかが明確になっていくのです。

9

「考えすぎ」を捨てる

「怖れ」があると人は考えすぎます。責任を回避したいと思えば言い訳を考えます。調整役タイプの人ならばいろんな人の意見をまとめようとして考えますし、優等生は周りからいい人と思われるためにどうしたらいいかを考えます。

決められない人の多くが「考えすぎる」という癖を持っているのではないでしょうか。慎重になりすぎて、自分に自信が持てなくて、選択肢が多すぎて、価値観がどんどん変わってきて、そして、考えすぎることになるのです。

「うーん！　分からん！　もういいや！」と投げ出したくなったこともきっとあると思います。私もよくあります（この本を書いていても考えすぎて1行も書けなくなったこともあります（笑））。

思考も決して無能ではないのですが、「過去の経験（データ）」と「論理性」という制約のもとでしか働けない特徴があるのです。だから、今まで経験したことのないことを決めようとすると、過去のデータをもとに論理的に答えを導き出そうとするのですが、経験がない分だけ分からない要素がたくさんありすぎるわけです。それで、考えても考えても決めることができない、となります。

そして、2日目にご紹介した通り、考えすぎる背景には「怖れ」があります。そういう意味では先に紹介した「怖れを捨てる」で実践していただくことが「考えすぎを捨てる」ということでもあります。が、つい考えすぎてしまう人のためにここではそれとは別の方法もご紹介させていただければと思います。

---

①「思考を止める」時間を意識的に作る

考えすぎる癖のある人は常に考えてしまうので、そもそもストレスがとても溜まりやすいのですね。だから、思考が止まる時間を作る、ということが大切だと思っています。意識的に止めようと思っても止められないものですが、次のような方法は効き目があります。

・ヨガや瞑想
・30分程度のジョギング、水泳、ウォーキング、筋トレなどの軽い運動
・神社やお寺にお参りする
・音楽や映画を夢中になって見聞きする
・絵を描く
・手の込んだ料理、編み物、縫物、工作などをする
・ひとりカラオケ
・30分以上の足湯、半身浴
・とても美しい景色を眺める
・子どもと遊ぶ

5㎞走って、はぁーはぁー息をついているときに物事を考えることはできないですし、好きなアーティストのライブに行ってそのアーティスト以外のことを考えながら鑑賞する、というのも難しいでしょう。これ以外の方法でも

いいのですが、体を動かしたり、意識を別のことに集中させたりすることによって、思考を止めることができます。こうした方法を習慣にしたり、組み合わせたりして何も考えない（何も考えられない）時間を作ることによって、頭がクリアになりますから、考えすぎないようになっていきます。

これらの方法に共通するのは頭で考えるよりも体を動かしたり、感情や感覚を使ったりするものばかりです。自分の意識を頭から体、感情、感覚に移すことで考えすぎることをやめられるようになるのです（正確には、考える時間とそうでない時間ができるのでメリハリがつくようになります）。

② 考えるときは紙とペンを用意する

考えすぎる人はただ頭の中だけで考えていることが多いのではないでしょうか？　同じことをぐるぐる考えてしまう方は特にその傾向があります。その頭の中を「見える化」するのが「紙に書く」というシンプルな方法です。自分が考えていることをノートなどに書き出して目に見えるようにすると思考が迷子になりにくくなり、また問題点なども整理されていきます。

頭の中で考えていることを紙に書くことで客観的に見ることもできるので、今までなかなか決められなかったことがあっさり決められるようになることもあります。頭の中だけで考えない！　は決められない人にとっては有効な処方箋です。

③

今日1日をあえて「気分屋」で過ごしてみる

ふだんの生活から「考えるよりも感じる」「直感や感覚を信じる」ということをレッスンすることも、考えすぎないようになる効果的な方法です。とはいえ、人生を左右する難問を直感で解くことは3日目にしては早すぎるので、ここでは日常の些細な選択を直感や感覚を使って決めることをお勧めしたいと思います。

例えばランチタイムのメニューや休憩時間に飲むドリンクを直感で選ぶようにします。帰り道を直感で決めます。休日の過ごし方を朝起きたときの直感に従って決めます。その日の服を感覚的に選びます。おそらくふだんからそうしている方も多いと思いますが、「直感／感覚で選んだ」ということを自覚しながらやってみるのです。

そうすると「そもそも直感や感覚が分からない」という方もいらっしゃると思います。考えすぎる癖がある方は常に思考しているので、そう思われるのだろうと思います。だから、私はそれを「気分で」と言い換えてみてください、とよくお伝えしています。

「今日はなんかあっさりしたものが食べたい気分」とか「少し色合いのはっきりした服を着たい気分」という風に。そして、そのとき思考が「ちょっと派手じゃない？」なんて言っていてもそれはスルーしましょう。この思考をスルーすることが大切なレッスンで、思考はかなり「正しい」ことを言ってくるので惑わされやすいのですが、そこは「気分」に従うことをあえて選んでみてください。

するととても楽だったり、うまくいったり、面白い出会いがあったり、という体験ができるようになります。だんだん体が「直感に従うと面白い」とか「感覚的に選んだ方が楽」ということを覚えるようになります。

そうすると人生を左右する決断をするときも「感覚／直感」で選べるよう

になるのです。

④　とにかくぐっすり眠ることだけに集中してみる

悩み事があって考えすぎているときは、寝ているときも考えている、と言われるくらい睡眠の質が落ちてしまうものです。朝起きたときに体が重たかったり、だるかったりするのはそのせいですね。

だから、睡眠の質が高まるように食事や運動に気をつけたり、スマホやパソコンを寝る前に見ないようにしたり、お酒の量をほどほどにしたりして工夫してみるといいでしょう。

以前、精神科医の先生とお話ししたときに「睡眠の質が良くないということは病気にもつながるので、あまり望まないかもしれないけれど睡眠導入剤を飲むのも悪いことではない」という意見をいただきました。最近は習慣性のない薬も開発されているようですので、悩みすぎて眠りが浅いという方はお医者さんに相談されてみるのもいいと思います。

また、その目的で鍼灸や整体、オステオパシー、温泉療法などを採り入れるのもお勧めです。
睡眠の質が高まり、ぐっすり眠れ、朝気分よく目覚められるようになると頭がすっきりして1日を始められます。そうすることで今決めなきゃいけない命題にも、よりすっきりして向き合えるようになるでしょう。

さて、3日目は「決められる人」になるために、今の自分にとって重荷になっている習慣や考え方の癖を捨てることをお話ししてきました。とても1日では捨てきれないものも多いかもしれませんが、それぞれ比較的シンプルな方法をご紹介していますので、それらを習慣づけることによって生き方そのものを変えることもできるようになるかもしれません。

決められる人になるために「シンプル」であることはとっても大切なことなので、こうした習慣を断捨離していきましょう。

DAY 3

3日目のワーク

1

自分が捨てたい習慣で紹介した方法のうち１つか２つを選び、実際にやってみる。そして、それで気分が軽くなったら、それを１か月続けることを決める。

WORK

2

そうした習慣を捨てた自分は今とどんな違いがあるでしょうか？それを想像して書き出してみてください。これが案外、本来の自分自身の姿かもしれません。

4日目

怒ることが
できますか？

突然ですが、あなたは最近、いつ怒りましたか？　自分で決められない人は「怒り方が分からない」という人が少なくありません。

「決める」ということは「思考（頭）」と「心（感情）」が一致しないとできないこと、という話を1日目にしました。潜在意識の力はとても大きく、頭で決めたことに心が反対していたら、「分かっているのにできない」という状態が作り出されます。

特に現代人は思考的になりやすく、また、まじめで優等生をしてき

た方も「どうすべきか？」を考えすぎる傾向にあります。ですから、そんなあなたが「決められる人」になるためには、心とのつながりを取り戻す、すなわち、自分の感情を素直に感じることが重要な一歩になるのです。

「怒り」は、感情の中でも分かりやすいもののひとつです。その怒りが感じにくくなっているとしたら、他人を優先しすぎている証拠です。

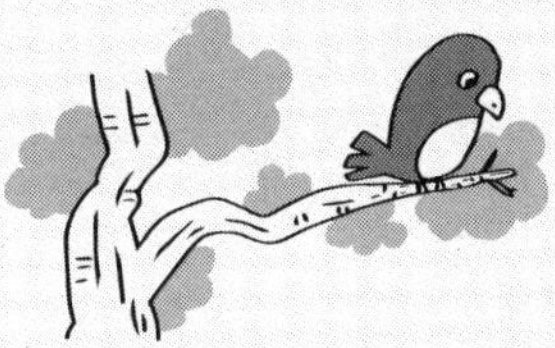

４日目は心とのつながりを取り戻すことで、ほんとうの自分を見つける１日にしていきます。心が素直に感じたことの先にある自分を軸に考えることが、自分軸で考えることであり、自分で決められる人になるためには、必要不可欠なことになります。

1 あなたは怒ることはできますか？

では、4日目を始めましょう。

あなたはふだん、何かにイライラしたり、ムカッとしたり、怒りを感じることはありますか？　中には毎日怒りまくってるわ！　という方もいますが、私がお会いするクライアントさんの中には「怒りが分からない」という方も少なくありません。

「友達に彼のことを相談したら、『それはひどい！　怒ってもいいんだよ』と言われたんです。それを聞いて『あ、そうなんだ。怒ってもいいんだ』と気づきました」

「上司から『もっと感情を出してもいいんだよ。君は淡々としすぎている』と指摘されました。感情を出してもあまりいいことはないと思うんですが……」

「怒ることがすごく苦手で。気まずい雰囲気になるのも嫌だし、周りの人に気を使わせてしまうのも悪いと思っちゃうんです」

みなさんはこんな体験をしたことはありませんか？

昔から「怒るのは大人げない」と言われていますし、「あの人は感情的だ」という評はネガティブなイメージでとらえられています。元々日本人が大人しい、と言われるのも、怒りをはじめ、あまり感情を出さないからだと言われています。

でも、ふつうに生きていたらあちこちで「怒り」に遭遇する機会ってあると思うのです。「車を運転してたら急に横入りされた」「列にきちんと並ばない人がいる」「ぶつかったのに謝らない」「仕事でミスしたのにへらへら笑っている」「約束を破ったのに平然とした顔をしてる」「自分をバカにするような発言をした」等々。

もちろん、人によって感じ方（強度、頻度など）は違いますが、悟りを開いた仙人ではないのですから、「ついつい怒っちゃう」ことは誰にでもあるのです。

しかし、「怒ることは良くない」「怒っちゃいけない」と怒りを禁止していると、だんだん怒りを感じられなくなります。怒るような場面であっても、何も感じられず平然と振る舞ってしまうのです。

ただ、それは決して**怒りがなくなったわけではなく、怒りが麻痺して不感症になってしまっているだけなのです。怒りがなくなったわけではないので、心の内にはどんどん消化されない怒りが無意識のうちに溜まっていきます。**

そうすると仮にイライラしていたとしても自分ではそれが感じられないので、他の人から「何か怒ってるの？」と指摘されたりするのです。もちろん、そのときの答えは「いや、別に。怒ってなんかいないよ」ですね。

実は麻痺してしまうのは怒りだけではなく、あらゆる感情にも言えることなのです。

幼少期、寂しくて寂しくて辛かった人は、寂しさを麻痺させてしまうでしょう。

大切な人が亡くなったのに涙ひとつ出ず、悲しみも感じられなかった、という経験をお持ちの方はいらっしゃいませんか？　それはあまりに強い悲しみのため、心のブレーカーが飛んで麻痺してしまっただけなのです。

このようにして、私たちは大人になるにつれてさまざまな感情を麻痺させてしまいます。

でも、先ほどもお話ししたように「麻痺して感じられなくなる」ことはあっても「なくなる」ことはないのが感情です。「自分が何を感じているか、ほんとうはどう思っているのか分からないんです」と言う人でも、感情がなくなったわけではないのです。

誰でも、自分の感じたことを優先して生きていた時代がありました。生まれたときは、感情をむき出しにして、「気持ち悪い！」「お腹すいた！」「眠たい！」と泣いていました。「お腹すいたけど、今お母さんそれどころじゃないから大人しくしてよう……」なんて赤ちゃんいませんよね。そうやって自分の感情ではなく、他人を優先していたら赤ちゃんは生きてはいけません。

さまざまな感情を麻痺させた結果、「自分が何を感じているのか分からない」という状態になってしまった人は、自分が感じていることが分からないので、常に思考的に行動し、理論で自分を納得させようとします。

そうすると、頭と心が一致せず、「決められない人」になる可能性が高いのも理解できると思います。

つまり、感情をイキイキと感じられるようになることが、決められる人になるポイントのひとつなのです。

2

怒りとやる気は同じエネルギー

もう少し、感情の世界にお付き合いください。

心理学の世界では「怒りとやる気は同じエネルギー」という表現をします。バイタリティがある人を思い浮かべてください。イキイキとして、やる気に満ちています。そういう人って意外と怒りっぽかったり、とても感情的だったりすると思いませんか？

だから、怒りを抑圧すると、やる気もなくなってしまうのです。もし、あなたが「最近、なんか無気力だ」と感じているなら、心の中に怒りがたくさん溜まっているのかもしれません。

でも、そう言われても「別に怒るようなことって最近ないんだけどな」と思いませんか？　心の中に溜まっている怒りはひとつの出来事から生まれたものばかりではありま

せん。ちりも積もれば山となる、ということわざ通り、無能な上司の振る舞いに、なかなか資料を出してこない取引先に、いつもの満員電車に、すれ違いの多い恋人に、その一つひとつは小さな怒りでも、それが溜まってしまうと、無気力になってしまうほどなのです。

もちろん、これもまた他の感情にも言えることです。

「悲喜こもごも」「泣き笑い」という表現があるように、悲しみと喜びもまた表裏一体の感情です。だから、悲しみを抑圧して麻痺させてしまうと喜びを感じたり、笑ったりすることができなくなります。

「友達とディズニーランドに来てすごく楽しいはずなのに、なんか楽しめない」というときは、心の中に深い悲しみが眠っているのかもしれません。

同様に、「寂しさ」を我慢すると「人とのつながり」や「安心感」が感じられなくなり、人に甘えることもできないので、どんどん孤立感が強まっていきます。

また、「怖れ」を感じないように抑圧していると、何に対してもときめきを感じなくなり、ワクワクできなくなります。つまり、何事に対しても淡々とした態度をとってしまうようになるのです。

人間は喜びや楽しみなどのポジティブな感情だけを感じることって心の世界では不可能なのです。ネガティブな気持ちもあるからこそ、ポジティブな感情もまた感じられるようになるのです。

3

怒りが認められないと夢や目標を持ちにくい

怒りを抑圧しているとやる気がなくなってしまうわけですから、自分がしたいこと、やりたいこと、夢、目標といったものが見えなくなってしまいます。

ある男性はふだんからあまり怒りを表に出さない方でした。何かにイラッとしても決して顔には出さず、その場を平穏に収めようとする平和主義者でした。元々優しく面倒見のいい男なので、人望も厚いのですが、ずっと以前から「これがやりたい！」と思うことがなく、夢が持てないことを思い悩んでいたのです。

そんな彼があるきっかけでお母さんと向き合うことになりました。彼のお母さんは元々体が弱く、彼が10代の頃に重い病気になり、10年くらい治療をしましたが、そのかいなく亡くなってしまったんです。彼は優しいので、そのお母さんを看病しつつ、お母さんに心配をかけないようにずっと生きてきたのでした。

しかし、当然、そこにはさまざまな思いがありました。でも、弱ったお母さんにネガティブな感情をぶつけるなんて優しい彼にはできません。だから、お母さんへの気持ちをどんどん抑圧していくことになりました。けれど、それが悪いわけではないのです。ある意味、彼はお母さんを守ったんですよね。自分の夢と引き換えに。それくらいお母さんのことを愛していらしたのです。

そして、お母さんが亡くなって10年以上たち、ようやくそのとき抑圧していた感情と向き合うことができました。「寂しかった」「辛かった」「何もできなくて苦しかった」という気持ちや、「もっと一緒にいたかった」「もっと自分を認めてほしかった」「もっと褒めてほしかった」そんな子どもなら当然持つ感情までも彼は我慢してきたのです。

病気で亡くなったお母さんに対して、そんなひどい感情を持っていることに罪悪感を覚えそうになりましたが、「いや、それはそれでいいんだ」と自分に言い聞かせ、彼は向き合い続けてくれました。だから彼には、「もっと褒めてほしかった」など抑圧していた気持ちを口にしたり、書いたりしてもらいました。

すると、不思議な変化が彼に起こります。

朝起きると体が軽くなっています。肩や背中にずっとあった張りや痛みがなくなっています。気分がとても軽くなり、よく笑うようになりました。楽しいことや面白いことに以前よりずっと興味を持てるようになりました。仕事へのモチベーションも回復していきました。

そして、自分が本気で取り組めるものを見つけたい！　という欲求が強く出てきたのです。

その話を聴いていると、**まるで死んでしまった魂に命が宿ったようでした。もしかすると、お母さんの死と共に、彼の心の一部が死んでしまっていたのかもしれません。**

「ずーっと夢がない」と思っている人は、もしかしたら、ずーっと怒りを抑圧しているのかもしれません。

とはいえ、ずっと怒りや感情を抑圧してきた人が急に「怒ってください！」と言われても当然無理ですよね？　だから、まずは「怒ってもいい」「怒りを認めてもいい」と怒りを許可することから始めてみるのです。

4

不平不満を吐き出して、心のメンテナンスをする

ネガティブな感情を心の中に溜め込んでいることは、自分が気づかないうちにストレスを抱え込むことになるだけでなく、先ほどお話ししたように、夢や目標を持ちにくくなるため、カウンセラーとしてあまりお勧めできません。

「人に迷惑をかけてはいけない」「愚痴を話すと相手を不快にさせる」「不平や不満をぶちまけることは場の空気を乱す」などと思って気持ちを抑圧してしまうと、その気持ちはどんどん心の中に溜まってしまい、さまざまな弊害をもたらすことになるのです。

とはいえ、同僚や友達に愚痴を聞いてもらうのも申し訳ない、と感じてしまう優しいみなさんにお勧めの方法があります。

そのひとつは、手前みそな話ですが、カウンセリングを受けること。カウンセラーは

話を上手に聴くトレーニングを受けていますし、守秘義務もありますし、あなたの話を根気よく聴いてくれるでしょう。欧米ではお抱えカウンセラーを持つことは成功者のステータスシンボルのひとつと言われていますが、日本ではまだまだ普及していません。「話すことは、放す・離すこと」と言われるように、ただ自分の話を聴いてもらえるだけで、こんなにも気分がすっきりするんだ、という体験をぜひしてみてください。

そして、**もうひとつお勧めしたい方法は、私が「御恨み帳」と呼んでいる心のメンテナンス用ノートを作ることです。そのノートにはその題名の通り「恨み辛み、憎しみ、怒り」などの感情をどんどん書き出していきます。**もちろん、悲しみ、寂しさ、罪悪感、無力感、惨めさ、苦しみ、痛み、不安、怖れなど、どんな感情を書き出してもらっても構いません。また、「感じられないことも感情のひとつ」と言われるのですが、何も感じないならば「何も感じない」と書き綴るのです。

そうして、今感じている感情をただただ書き出していくことで、驚くほどに心がすっきりするのです。

これは特定の人（親、パートナー、上司など）に向けて書いてもいいですし、ただ、今感じている気持ちを書き出しても効果的です。

人に言えないことをこうしてノートに書き出すことで、また心はすっきりしていきます。

私はブログやセミナー、セッションなどあらゆるところでこの「御恨み帳」をお勧めしているので、ほんとうにたくさんの人が実践してくださり、その効果を報告してくださっています。

ある女性は小さいサイズのノートを常に持ち歩き、何かでイラッとした瞬間にさっと取り出して書く習慣をつけたそうです。その結果、表情が明るくなり、前向きな気分で過ごせるようになっただけでなく、なんとお肌が以前よりツヤツヤになったと嬉しそうに報告してくださいました。

実は感情を溜め込むことはお肌にもあまり良くありません。だから、感情を吐き出して心の中をすっきりさせてあげると美容にだっていいのです。

5

心を断捨離する方法

このカウンセリングやお恨み帳ですが、長年感情を抑圧してきた人がこれらに取り組むと、はじめは次から次へ怒りが湧き出てきて苦しくなることがあります。しかし、それだけ感情を抑えてきた証拠なのでそれは無理のないことです。「それだけ怒りを溜め込んできたんだな。我慢してきたんだな」と思って、ぜひ、途中でやめずに継続してみてください。

御恨み帳もはじめの数日は苦しいけれど、4、5日続けると効果を感じやすくなってくるようです。そして、できれば2、3週間は続けてみてください。心の中のネガティブな感情が断捨離されてすっきりしてくると同時に、体調やお肌の調子も良くなっていくのが実感できると思います。

ある女性は、ずっと心配性なお母さんに支配されて自分で「決められない人」になっていました。そして、そこから脱却するためにノートを数冊持ってホテルに缶詰めになったのです。はじめはお母さんに対する怒りや不満の感情が湧き出てきて止まらなくなってしまったそうなのですが、だんだんその怒りが悲しみや寂しさに変わり、また、罪悪感も出てきて、一晩のうちにほんとうにいろいろな感情を体験されたんです。ノートは2冊目も終わろうとし、ティッシュを1箱使い切るんじゃないかと思われるくらい泣いて、気がつけば朝を迎えていました。

そのときの気分の軽さは何ものにもたとえがたく、不思議なことに温かい思いで心が満たされていたそうです。そして、こんこんと幸せな気分が湧き上がってきて踊り出したい気分になり、お母さんに対してはただ感謝の思いしか出てこなかったと言います。

その気分の変わりようにとうとう自分はおかしくなってしまったのでは？　と思ったほどだそうです。

彼女は御恨み帳に気持ちをどんどん書いていくことで、心の中が断捨離されて、そこに残ったのは母親に対する愛だけだったのです。

6

「好きなものは好き、イヤなものはイヤ」でいい

このようにネガティブな感情を吐き出して心の断捨離を行うと、多くの方が自分の感情に素直になっていきます。自己肯定感をあげる方法のひとつに「好きなものは好き、嫌いなものは嫌いとはっきり認める」というのがあるのですが、こうして、自分の気持ちをありのままに認めてあげることで、感情を思考で抑えつける癖が取れるので、とても楽に、生きやすくなります。逆に**あなたが今、〝生きづらさ〟を感じているとするなら、それはありのままの感情を思考で抑えつけてしまっているからだと言えます。**

それは同時に自分の心の声を聴けるようになっている状態を示します。

私たちはよく「こんなところで怒るなんて良くない」などと判断して感情を抑え込ん

でしまうのですが、ムカつくものはムカつくんです。それでいいんです。

1日目も紹介した例ですが、「これだけ恵まれた状況にあるのに幸せを感じられない」とするならば、「私は今、幸せではない」のです。

思考で状況判断をして、この感情は良い、これは良くない、と決めつけることこそ、感情を抑圧し、麻痺させることにつながるのです。

よく私は感情を「天気」にたとえます。

せっかく仲間たちとバーベキューを企画していたのに朝起きたら雨。とても残念でやるせない気分になりますが、だからと言って「今日はいい天気だ！　みんな、予定通りバーベキューをやるぞ！」と言い出したら、みんな文句を言いますよね？

雨なら雨で、予定を変更してボーリング大会にするなり、カラオケボックスで歌いまくるなり、日程を改めるなりすると思うのです。

感情も同じです。感じちゃったものはしょうがないのです。だから、場にそぐわないところで怒りが出てきても、悲しい気分になっても、それが心の正しい状態ですから、私たちはそれを受け入れることしかできません。そして、受け入れた上で、どうするか？　を再検討すればいいのです。

感情は
天気のようなもの。
受け入れる
しかない

相手はすごく謝ってくれているのに自分は全然怒りを止められないとしたら、それがあなたの心にとっては正しい状態なのです。それを否定せずに、まずは「私はなぜか怒りを止められない。そんなにもこの人やこの人のしたことに怒りを感じているのだ」と受け入れることをお勧めしています。

その上で、「分かりました。もう少し時間をください。あなたを許すには時間が必要です」と伝えればよいでしょう。

感情はいつも正しく、私たちはそれを受け入れることしかできません。

しかし、そうして自分の感情をありの

ままに感じ、受け入れることができると、あなたは心の声が聞こえるようになります。「決められる人」になるための、大切な要素のひとつが手に入ることになるのです。

心との対話を習慣づける

心の声が聞こえるようになったあなたは、さらに「心との対話」を学ぶことで、より心とのつながりを深め、「決められる人」になっていくことができます。

例えば、あなたが今、転職を考えているとしましょう。今の会社にずっととどまるよりも、転職した方がずっと可能性が広がるし、やりたいこともできる、とあなたは考えています。また、同じ場所にとどまるよりも環境を変えた方がビジネスマンとしても成長できると思っています。

しかし、その一方で、心の声を聴くと不安や怖れ、そして、罪悪感などの感情があることに気づきます。

今までのあなたであれば、その感情は無視して抑圧するか、その感情を否定して改めさせようとしました。つまり、不安や怖れを無視して強引に推し進めようとするか、こんなことで不安を覚えるなんて情けない！　と思って、自分を攻撃してきたのです。
しかし、今のあなたは違います。心と対話することの重要性を学んでいます。
そこで、まずあなたは心の声を聴くのです。

あなた：なあ、どうしてそんなに不安だったり、怖がっていたり、罪悪感があったりするんだ？

心：やっぱり今の会社の方がなんだかんだ慣れているし、安心じゃないか。新しい環境に馴染めるか不安なんだよね。

あなた：そうか。確かにそうだよね。他にはあるかい？

心：もし新しい職場がより高度なスキルを求めるところだったら、きっとついていけないと思うんだ。言葉は悪いけれど、長年、ぬるま湯に浸かっていたようなものだろ？　しかも、年齢的なこともあるし、ここから新しいことを始めるのは正直怖いよ。

あなた：確かかな。怖いよな。うん。それで、罪悪感って？

心：今の職場の人たちに迷惑をかけると思わないかい？　私の性格もよく理解して

くれているし、うまくやっているだろ？　そこで転職するってことは、彼らを裏切ることになると思わないか？　なんか申し訳ない気持ちがするんだよな。

あなた：そうか。確かにそうだよな。申し訳ない気持ちはそりゃあ、あるよね。

つまり、否定せずに、ただ心の声に耳を傾けるのです。実際やってみると分かりますが、**こうした対話をするだけで、心が不思議なほど落ち着きます。感情というのは否定されずに受け入れてもらえるだけで解放されてすっきりする特徴がある**のです。

それを「そんなこと思っちゃダメだ」「そんな怖い怖い言ってたって何も変わらないじゃないか」などと感情とケンカしてしまうと、その不安も怖れも全然なくならずに、それどころか逆に強くなってしまいます。

感情は天気と同じなのです。

そして、気分が落ち着いてくると、今度は心がこんなことを言ってくれます。

心：でもさ。そんな怖れや不安があったってチャレンジをしてみたいんだろ？　それも分かるよ。

あなた：そうなんだ。このままぬるま湯に浸かっていたのでは私の人生はつまらないものになってしまうと思うんだ。だから、思い切って転職することを考えたんだ。

心：今まで自分なりに実績を積んできたし、自信だって実はある。確かに新しい環境は怖い思いもあるけれど、楽しみやワクワクもあることは確かだよね。

あなた：そうなんだよ。ほんとに。怖いけれど、ワクワクするんだ。

心：それなら思い切ってチャレンジしてみるのもいいよね。なんかすごくワクワクしてきたよ。

そう、今度は心があなたを応援してくれるようになるのです。

そもそも、ワクワクも楽しみも「心」の世界のことです。

ネガティブな感情をこの対話によって解消してあげると（解消し切れない分は御恨み帳を利用する）、今度はワクワクした気分がやってくるのです。

もちろん、現実に心があなたを応援してくれるようになるにはもう少し時間がかかりますが、この方法はあなたが決められる人になるためにはすごく役立つ方法ですので、ふだんから意識してやってみることをお勧めします。

DAY 4

4日目のワーク

①

感情を解放するためのノート「御恨み帳」を書いてみましょう。相手は誰でも構いませんが、今、身近にいる人を選ぶといいと思います。その人に対して、思っているけど口に出していないことや、怒り、恨み、悲しみ、寂しさなどの感情を自由に書き出してみてください。

WORK

2

あなたが好きなもの、嫌いなものをそれぞれ同じ数だけ書き出してみてください。それぞれ最低30個ずつくらいは見つけてみると効果的で、自分の気持ちに素直になるレッスンになります。

3

心との対話を実践してみてください。慣れないうちはパソコンやノートに書き出してみた方が混乱せずに済むでしょう。今の自分が感じている気持ちにただ耳を傾け、受け入れていきます。

5日目

素の自分に自信を持つ

さて、心とのつながりを取り戻したら、そこにしっかり根を張るべく「素の自分」と向き合っていくのが5日目のテーマです。自分の軸を見つけ、その軸をより太くしていくイメージです。

4日目で行った、心とのつながりを取り戻してありのままの感情を受け止められるようになることは、いわば、頭（思考）と心（感情）を連結させる作業です。今までは思考と感情のつながりが弱かった（あるいは切れていた）ために「決められない人」であったあなたは、頭と心が連結したことで、より

はっきりと「自分自身」を意識できるようになったと思います。

でも、まだあなたは、その素の自分に自信が持てていないのではないでしょうか。ほんとうにこんな私でいいのだろうか？と思っている人もいるかもしれません。自分自身を意識し、自分軸を確立しつつありますが、まだブレやすい状態なのです。このまま自分で決めたとしても、少しでも他人に何か言われたら自信がなくなってしまう……そんな状態です。

今日は、自分軸で考え、自分で決められる人になるために、より深く自分自身と向き合い。ブレない自分の軸をつくる訓練をしていきましょう。

1

「私は」という意識を強く持つ

では、5日目を始めていきましょう。

2日目を中心にさまざまなケースで「自分で決められない理由」をお話ししてきました。優しくて人の気持ちを優先してしまう人、理想を求めすぎる理想主義、争いを好まない調整役、そして、それらの根底には、自分軸ではなく他人軸で考えてしまう癖がありました。そんな方々は周りの人たちとうまく調和してやっていくことについては得意なこともありますが、同時にある問題が生まれます。

それが「アイデンティティの喪失」です。

「私」が何者で、「私」は何がしたい人で、「私」はどんな価値や才能を持ち、どんな生き方をするのが自分にふさわしいのか？　が分からなくなってしまっているのです。人の意図をくみ取り、周りとうまくやりながら〝それなりに〟成功することはできても、**そこに自分がいないとするならば、心の底から感動したり、歓喜したり、充実感を覚えたりすることは難しくなります。**

経済的に成功しても自分に全く自信がない人

あるクライアントさんの例を紹介しましょう。

彼は立ち上げと同時に参画した会社でめきめきと実力を発揮し、会社の成長に大きく貢献してきました。そして、会社のＩＰＯ（新規上場）と同時に資産を得て、若くして経済的自由人になりました。自分に自信を持ち、やりたいことや夢に向かって邁進していたのですが、「何か違う」という違和感をいつも覚えていました。

その会社を円満に退社し、自分でビジネスを立ち上げても、その違和感はずっと残っていました。しかし、周りから見れば経済的に豊かで、人脈も人望もあり、家に帰れば愛する妻とお子さんがいる絵に描いたような幸せな成功者です。だから、自分でもそう思い込もうとしていたのですが、そのたびにその違和感は大きくなっていくのです。

彼は実のお母さんとの問題を抱えていました。過干渉で、ヒステリックで、支配的なお母さん。彼はそのお母さんの顔色をうかがいながら、ずっといい子を演じて育ってきて、気がつけば自分自身を見失っていたのです。しかし、そんなお母さんのおかげで彼は謙虚で、人当たりが良く、どこに行っても友人ができる人懐っこさも長所として持っていたので、ここまでの成功があったとも言えます。

そこで彼は「ほんとうの自分を生きたい」と思い、自分の心と向き合うことになります。何度も御恨み帳にお母さんに関することを書いて怒りや不満、寂しさなどのネガティブな感情を吐き出し、さらに感謝の思いを再確認していく手放しワークに取り組みます。その中で**これだけ成功しているように見えて、実は自分自身に全く自信がないことにも気づきます。**改めて自己肯定感をあげながら、彼は「自分がほんとうにしたいことは何だろう?」という問いかけをずっと自分自身にしてきました。

彼はお母さんに対する思いがかなり消化され、ネガティブな感情が薄れてきた頃、自分がほんとうにしたいことは、「もっと多くの人に直接かかわり、その人たちを幸せにすることだ」と思いつきました。

そこで、今までは企業向けの研修企画やコンサルティングなどの仕事をしていたのですが、それ以降は個人向けにビジネスコーチング／カウンセリングを提供していくことを始めたのです。

そうしたら、どんどん心に充実感が得られていきます。以前よりもさらに親身になって目の前のクライアントさんの幸せを考え、描くことができるようになり、この仕事がほんとうに自分の喜びであることを感じます。彼のそれまでの人脈を通じて、さまざまな方が相談に訪れてくれるようになりました。熱心に営業に力を入れているわけではないのに！

それどころか、奥さんとの関係も今までで一番いい状態になったと言います。

心理学的にみると**男性にとってのパートナーシップはお母さんとの関係に強く影響を受けるため、彼がお母さんと向き合い、わだかまりを解消していくことは奥さんとの心の距離をぐっと縮める効果をもたらします。**その結果、奥さんの愛情を素直に受け取れるようになり、また、自分の奥さんに対する愛情もどんどん深く感じられるようになっているそうです。

彼は「私」という意識をより確立していくことで、心から納得した状態で成功を手に入れたのです。

くり返しになりますが、この「私」という意識をしっかり持つことを「自分軸」と言います。逆に、自分よりも他人を優先してしまうことを「他人軸」と言います。

2日目でもお話しした通り、「自分で決められる人」になるためには、この「自分軸」は必要不可欠なものですが、これがとても深いのです。著者自身も、まさに実感中なのですが、自分では「よし、もう自分軸は確立できた」と思っていたら、「いやいや、まだこのジャンルでは他人軸になってしまうことがある」と気づかされます。これが「いつまで続くのだろう?」と思うくらい延々と繰り返されるのです。

最近では「そういうもんだな」と理解できるようになり、さらに自分軸を確立するたびに楽に、軽くなっていっているので、自分がより自分らしく生きられるようになるトレーニングみたいなものだと思って取り組んでいます。

みなさんも、「自分軸」というのは、一生かけて確立していくものだと思ってくださ い。自分の心の中のブレない太い軸にまで、自分軸を育てるにはそれなりに時間がかかるのです。ですので、今後「他人軸になってしまってるな」と思っても、落ち込まずに「自分軸を太くするチャンスだ」と思ってください。

では、この自分軸を太くするためには、具体的にどうすればいいのでしょうか？

2

「私は」で自分のことを書いてみる

次の文章をお読みください。

私は文章を書くことが好きで、心理学が好きなので、そんな心の法則を分かりやすく、かつ、面白く伝えたいと思い、毎日のようにブログを書き、今はこうして本を書いています。

私は論理的に考えることが好きですが、同時に、感覚的、直感的なタイプでもあります。思いついたことを実現できるように理論を使い、現実化させていくプロセスに喜びを感じます。だから、セミナーやイベントを企画することにワクワクしています。

しかし、同時に私は飽き性です。同じことを何度もやることができません。だから、常に新しい企画を立ち上げたくなりますし、そこに喜びを感じます。

私は旅が好きです。でも、落ち着きがないので長時間拘束される移動は苦手ですし、日本が好きということもあるので、もっぱら旅先は仕事をくっつけての国内です。そして、美味しいものが好きなので、その旅先の店を探すことが楽しみのひとつです。

しかも、人が好きな私の旅は「誰かに会いに行くこと」が主目的になります。その地域の仲間や友人、そして、行きつけとなったバーやお料理屋さんのマスターに会いに行きます。

そして、私は家族が好きです。大阪にいるときはほとんど家族と過ごしているので、東京や福岡よりもお店を知りません。「今度大阪に行くので、根本さんお勧めの美味しい店を紹介してくれませんか？」と聞かれると、とても困るのです。それならば東京・神楽坂の方がさまざまなジャンルでお勧めの店を紹介できます。

とはいえ、私はとてもマイペースで、ワガママな一面があり、その気にならないと動かないのです。だから、その点、妻にはとても負担をかけてしまってると思うことがあります。でも、最近は妻自身もどんどん自分らしい生き方をしてきているので、それはとても嬉しいことです。

その一方で、私はファッションは苦手なジャンルです。髪がはねていたり、服が乱れていても妻に「ねえ、気づかないの？」と言われるまで気づかないものです。だから、妻が選んでくれたり、馴染みのお店の人が勧めてくれたりするものを選んでいます。

簡単な自己紹介みたいなものですけれど、今の私が素直に感じていることを「私は」という自分軸で表現してみました。これは自分軸を太くするのにとてもいい訓練になります。この文章はうまく書こうとしないでください。自分が何を大切にしていて、何が嫌なのか、どういう性格をしているのか、どんな価値観を持っているのかが見えてくると思います。

私も以前、こうした文章を書いてみて「そうか。僕はほんとうに人が好きなんだな。人に会いに行く旅が好きなんだ」ということに気づいたものです。

3 「自分らしさ」にこだわる

自分軸を太くするために心がけてほしいことは、自分らしさにこだわって生活する、ということです。

2015年にフリーで活動するようになってから、私自身「自分らしさ」というものにこだわって仕事をしています。

「この仕事、ほんとにやりたい？　自分らしい？」と自分に常に問いかけるようにしました。「もっと自由になっていいんだぜ！　もっと好きなことやっていいんだぜ！」と自分にいつも言っています。

私はセミナーや講演会をするときも自分が「やりたい！」と思えてワクワクするようなテーマを選ぶようにしていますし、セミナー会場も自分が「ここ、好きだなあ」と思ったところを少々コストがかかっても選ぶようにします。好きな場所で好きなセミナーをする方がずっと気持ち良いし、参加者のみなさんにも喜んでもらえると思うのです。

そのこだわりは日常でも同じです。生活スタイルをどんどん自分らしさに近づけていこうと思っているところです。

もちろん、まだまだできてないところも多いのですが、以前に比べるとずっと自分らしくいられるようになったと思うのです。


この本をお読みの方の中には「そもそも自分らしさが分からない」という方もいらっしゃるかと思います。私も20代の頃はずっとそれが分からず、30代になってようやくそのことを考え始め、40代になって実現させようとしている人間なので、その気持ちはよく分かります。

「自分らしさを知る」ということは、一言で言えば「自分にとことん素直になること」だと思います。自分の考え、気持ちを否定せずに、素直に受け入れることです。もっと言ってしまえば4日目で紹介した『好きなものは好き、嫌いなものは嫌いでいい』ということです。

4日目のワークの②、やってみましたか？

そこに描かれているものが「自分らしさ」だと思ってください。

「好き／嫌い」「やりたい／やりたくない」そんな自分の気持ちに素直になることで、自分らしさが見えてきます。そして、そうした気持ちを否定することなく、受け入れ、実践していくことが「自分らしく生きる」ということだと思うのです。

「好きなものを100個書き出す」の意味

もちろん、この「好き」とか「やりたい」というのも「腑に落ちる」のレベルで知る必要があるんですね。

私は度々、「好きなものを100個書き出す」というワークを出します。いろんな方がチャレンジしてくださったのですが、何人かの方がこんなことを教えてくれました。

「好きなものを30個くらい書いたときにふと『これってほんとに私が好きなことなんかな？』って思ったんです。それでよく考えてみたら、そのとき書き出していたのは『周りの人が私が好きだろうと思っていること』だったのです。自分が好きなものに対しても、人の目を気にしていたんだって気づいてちょっとショックでしたよ。それからはほんとうに好きなものを書くように心がけました」

100個書き出すってなかなか大変な作業です。でも、それにチャレンジすることで、ほんとうに好きなもの、素直に好きなものが分かるようになっていくのです。

そして、**その自分の気持ちに素直になって生きることができれば、あなたは「自分らしく生きている」と言える**はずです。

とはいえ、私たちは人間関係の中で生きています。やりたいことをやるのに壁を感じることもあるでしょう。また、会社に勤めているのでなかなか時間が取れなかったり、経済的な状況がそれを許さなかったり、また、周りの人から反対されたり。

でも、やりたいことを100%できなくても「今できること」はあります。

「あちこち旅をして暮らしたい」と思っても、月曜日から金曜日までオフィスに出社しなければいけないなら、今はそれを100%実現するのはまだ無理ですね。でも、その夢を具体的に描いてみたり、週末だけでも旅に出かけることは可能ですよね？

「やりたいこと」の中から「今できること」を見つけて実践していくことは、自分らしさにこだわる生き方に必ずつながっていくのです。

4

「なんとなく」や「ピンとくる」を大事にする

「決められない人」は1日目に紹介したような理由で、心と一致しない結論を導き出そうとして、それでなかなか決められない状態を作っていました。しかし、あなたはここまでにその理由を解消し、そして、感情を断捨離するところまでやってきました。そこで、「私は」を意識し、「自分らしく生きる」ことで自分軸を太くしていく段階にいます。

その「自分らしさ」とは好きややりたいという気持ちに素直になることで見つかるわけですが、そこで新たな問題として浮上するのが、**今まで思考的になりすぎていた分だけ、自分の直感や感覚を信じられなくなっている**、ということです。

1日目でお話ししたように、心の仕組みで見ると「感覚」というのは「感情」のさらに深いところにあるもので、また「直感」とは、感情のさらに深い部分にあるその感覚を拾う機能のようなものです。つまり、「なんとなくこう感じる」とか「こんな感じ、あんな感じ」いうのが「感覚」であり、「なんかそんな気がする」とか「ふと思いつく」とか「ピンとくる」というのが「直感」というわけです。

この感覚は、とてもあいまいなものであり、また、当然ながら論理性にかけることも多いので、芸術に親しんできた方を除けば、私たちは幼少期からずっと「感覚」よりも「思考」を優先する環境で育ってきたのかもしれません。「感じること」よりも「考えること」が学校や家庭では優先され、いつも「どうすべきか？」「答えは何か？」「何が正しいのか？」を論理的に考える訓練をしてきました。先生から親から「何を考えているの？」とか「もっと考えなさい！」と言われることはあっても、「あなたは何を感じているの？」と聞かれたり、「もっと感情を感じなさい！」と言われたりすることはほとんどなかったかと思います。もしかすると自分が感じていることを素直に表現したら「わがままだ！」と怒られたことがあったかもしれませんね。もちろん、思考が悪者だ、というわけではありませんが、感じることより、考えることを重視した結果、自分の感情（気持ち）を抑圧する習慣がついてしまったようです。その結果、思考と心が分離してしまい、自分の本音が分かりにくくなってしまっているのです。

したがって、いきなり「直感や感覚を信頼しよう！」と言われても、それこそ「ピンとこない」のが正直なところだと思います。

ただ、ここで覚えておいていただきたいのは**「感覚は常に働いており、直感も常にやってきている」**ということです。いわば、長年使っていなかったために感度が落ちてしまったラジオみたいなものです。ちゃんと磨けば元通り使えるようになるのです。

だから、今日からあなたは「ふと思いついたことをやってみる」とか「感じるままに行動してみる」ということを〝検証〟してみるのです。

「ふと思い立っていつもと違う道で帰ってみたら魅力的な店を見つけた」「ふと思いついた友人にメッセージを送ってみたら、ちょうど私に連絡しようと思ってたところらしく驚かれた」「ふと気になって立ち寄った店で、欲しかった服が見つかった」という体験ができると、どんどん自分の直感を信頼できるようになりますね。

また、「すごくいい人なんだけど、ちょっと嫌な感じがしたからあまり親しくならないようにしたら、その人、嘘つきで有名な人だった」とか「なんとなくこうしてみたらいいんじゃないかな、と思いついたアイデアを取引先に提案してみたらすごく喜ばれた」という体験は自分の感覚を信じられるきっかけになりますね。

あるいは「ふと今日は傘を持って行った方がいいな、と思ったけど、天気予報は晴れだし、まあ大丈夫だろうと思い出かけたら、帰りがけに急に雨が降ってきた」という体験をすると、「あの直感を信じてみればよかった！」と思えるので、これまた直感を信頼できるようになりますね（この事例は、直感を思考が否定する典型的なお話です）。

もちろん、常に直感や感覚が「ああ、よかった！」「すごい！」などの〝自分にとって都合が良い現実〟を見せてくれるわけではありませんので、何もなかったからと言って直感や感覚を否定する必要はありません。

また、検証の初期ではうまく直感や感覚を拾えなくて、考えすぎてしまうこともよくあると思います。「ふと先方に電話した方がいいと思ったんだけど、これって直感なのかな？　それとも考えた結果なのかな？」という風に。だから、うまくやろうとせずに、ゲーム感覚で取り組んでみる方がずっとうまくいくはずです。

ただ、こうして自分の直感や感覚を〝検証〟してみようとすることは、よりそれらに意識を向けることになるので、以前に比べるとずっと「ふと気づく」「なんとなく思いつく」ことが増えていることに気づくと思います。

そうして、この検証をしていき、**あなたが自分の直感や感覚を信じられるようになっていくことこそ、いわゆる「心の声が聞こえる」という状態であり、自分軸が確立されつつある証拠**なのです。

私の場合、セミナーの内容もそれを告知する時期もあまり考えずにやるようにしています。頭で考えて「この講座は前ヒットしたから」と思って企画すると集客に困ったり、「このテーマ、ふと面白そうって思いついたんだけど、でも、ほんとにそうなんかな?」などと思いながらその感覚に従ってみたら大成功した、という経験を何度もしています。

また、本の執筆のお話をいただいたときに「このテーマは売れないだろうな」と直感したのに、本を出したい欲が勝って、自分のその直感を信頼できずに引き受けてしまったんですね。案の定、執筆作業が苦痛だった上に、やはりあまり売れなくて、「ああ、もっと自分の感覚を信じて、そう提案すればよかった」と非常に後悔しました。今読み返してみれば内容的にももっといいものが作れたと思うので、「そうか、あのタイミングじゃなかったのかもしれない」と今では少し後悔しています。

こうした体験はみなさんもお仕事や家庭でよく体験されることではないでしょうか?

5

自分にフィットする感覚こそが、本来の自分

例えばお仕事についてのご相談で「今の会社、人には恵まれているんですけど、大企業だから意思決定に時間がかかるんですよ。もっとスピード感持って仕事をしたいと思うのに、いろいろと話を通さなきゃいけないところがあって苦痛なんですよね」なんてお話を伺うと、私は「その会社、自分に合ってると思います？」と質問しています。

また、「出産して子育て中心の生活が思ったよりも大変で、子どもはすっごくかわいいんですけど、会社に行ける旦那のことが羨ましいと思っちゃうんですよね。私も元々バリバリ仕事してましたから、余計そうなのかもしれませんが」とご相談を受けると、「ああ、その生活スタイルが自分に合ってないんだよね」という風にお話しします。

特にレールの上をずっと進んできた方などは、「こうするのが当たり前」という常識

に無意識に縛られていて、その当たり前が自分にフィットしているかどうかの検証があまりなされていないことが多いのです。自分にフィットしない生活をしていると当然自分軸は確立されません。

私自身も大学を出たらふつうに企業に就職するものだと思っていて、独立して起業するなんてほんと頭にありませんでした。私は会社のシステムそのものが自分に合わなかったのですが、私はずっとそんな自分を「おかしい」とか「間違ってる」とか「幼い、大人になりきれてない」と否定し続けていました。

「合っていない」と思う発想そのものがなかったんですよね。

もし、**あなたが今の生活に幸せを感じられないばかりか、どこかに苦痛を感じるとするならば、それはあなたが間違っているのではなく、単に自分に合わない何かがあるからではないでしょうか。**

もうお気づきかもしれませんが、この「合う／合わない」というのも「感覚」なんです。だとするならば、その「合わない」ということを信頼してみてはいかがでしょうか？

そこで、お勧めなのが「自分の感覚に合うものを探す」という〝心の旅〟です。頭で考えて良いと思うものを選ぶのではなく、感覚的に良いと感じるものを選ぶのです。このレッスンがまたあなたを「決められる人」に変えてくれるでしょう。

例えば、動画サイトやブログでいろんな人が発信してる情報を眺めて「ああ、この人の言ってることは分かるなあ。自分と合ってるなあ」とか「いいこと言ってるんだけど、なんか入ってこないんだよね。じゃあ、この人とは合わないってことか」などと、あなたの感覚にフィットするものを探してみるのです。

つまり、感覚をアンテナにして自分が「心地よい」「好き」「なんかいい感じ」「面白い」「楽しい」「ワクワクする」と感じるものをチェックしていくのです。もちろん、ふだんから無意識にやってらっしゃることを意識的にやってみるのです。「やっぱり○○さんの歌が好きだなー。すーっと歌詞が心に響いてくるわ」とか「この人のセンス、めちゃくちゃ面白いなあ。自分のセンスとマッチしてるんだな」という風に。そして、そうやって自分の感覚にフィットしたものをメモしていきます。

服を買いに行くときも自分の感覚を信じる意識をぜひ持ってみてください。

「この服、かわいいんだけど、私には派手かなあ」なんて思わずに、「ああ、この服、自分の感覚に合ってるなあ」と素直に認めてレジに行きましょう。人目を気にせず、自分の感覚だけで選ぶのって楽しいですよね。もちろん、すべての服を感覚で選ばなくてもいいです。時にはＴＰＯに合わせた服を思考で選ぶのも悪いことではありません。

とはいえ、つい癖で「友達やお母さんに『そんな派手なの似合ってないよ』と言われたらどうしよう」なんて不安が湧いてきたらどうしたらいいのでしょう？

まずは、その不安を感じている自分も素直な自分なので、「そうだよね。まだ自信ないから不安になっちゃうよね」とその気持ちを否定せずに受け入れます。その上で、自分の感覚がその服を喜んでいることに意識を向けます。きっとあなたはそのときワクワクしているのです。そうしたら、頭の中で次のようなワークをやってみるのはいかがでしょう？

まず、頭の中に紙とペンを用意します。そして、友達や親から言われそうな否定的な意見をその紙に書き出して、くしゃくしゃと丸めてゴミ箱に捨てるのです。これを繰り返すと、そのような不安もすーっと消えていくことがよくあります。

そうして、日常のさまざまな場面で感覚を使ってみると徐々に感覚で物事を決められ

頭の中に
自分じゃない
誰かの言葉が
浮かんだら…
似合ってないヨ
ポイ
捨ててスッキリ
派手すぎョ
派手かなあ…

るようになっていきます。直感や感覚はあなたにとって心地よいものを教えてくれる大切な相棒になるでしょう。

そうして、あなたは徐々に「決められる人」に変わりつつあるのです。

さらに、そうした直感や感覚を使って自分にフィットするものを探すことによって、「自分自身が誰であるか？」が明確になり自分軸が太くなっていくのです。

6

自分に合わない人間関係は捨ててしまおう

自分に合うものを感覚的に探していると、逆に「合わないもの」が目につくようになってくるでしょう。これは自分軸が太くなっていっている証拠です。

「料理が楽になるんじゃないかと考えて買ったんだけど、自分の感覚に合わなくて使わなくなったキッチン用具」とか「仕事に活かせると考えて買ったんだけど、数ページしか読み進めていない本」とか「便利そうと思ってインストールしたけど、意外と使っていないアプリ」とか。

ぜひ、そうしたものを捨てたり、アンインストールしてみたり、フリマアプリで売ったりしてみることをお勧めします。

3日目にいろいろな価値観を捨てたあなたですが、今度は実際にモノを捨ててみるのです。まさに断捨離ですね。

そして、その上でぜひやっていただきたいのが「人間関係の断捨離」です。「価値観が合わない人だけど学生時代からの長い付き合いだから」とか「あんまり相性がいいとは思えないんだけど、彼と付き合っているとビジネス上のメリットがあるから」とか「昔はすごく仲良くしてたけど、私が結婚して子どもができてからはちょっと合わなくなった」などの人を思い切って捨てちゃいましょう！ ここでいう「捨てる」とは、「連絡先から削除する」「あまり会わないようにする」「苦痛なメッセージのやり取りをやめる」などのことです。

優しくて他人の気持ちを優先してしまう人はよく「我慢して付き合う」ことをしてしまうのですが、そのストレスは膨大で、ほとんどメリットがありません。そして、縁を切る、距離を置く、ということも「申し訳ない」と思ってなかなかできないのです。

でも、やっぱりそれは「頭で考えてやっている」のです。自分の気持ちは「嫌だ」というサインを出しています。それに従ってみるのです。実際やってみると分かりますが、驚くほどに心がすっきりして気分が軽くなるはずです。

でも、こういう話をすると「その人と合わないと思う自分にも問題があるんじゃないの？　自分を変えてその人を受け入れられるようになった方がいいんじゃないの？」と疑問を呈される方もいらっしゃるでしょう。確かにその通りなんです。しかし、カウンセラーである私はこんな条件を付けます。

「もし、そうしたければ……」

もし、価値観が合わない人と合うようになりたい、という気持ちがあるのならば応援もしますし、そのための方法をあれこれ提案させていただきます。しかし、もしそうでないならば……いっそのこと距離を置いてしまった方がメンタルヘルス上は有効です。

ちょっと勇気を出して「合わない人」と距離を置いてみませんか？

それこそが、自分の感覚に従い、そして、より自分自身をシンプルにする方法でもあるのです。

DAY 5

5日目のワーク

1

「私は」を主語にした自己紹介文を書いてみる。

2

あなたがこの人生で「やりたいこと」を100個書き出す。そのやりたいことの中で「今できること」を見つけてやってみる。

WORK

3

自分の感覚にフィットする物や人、場所をメモする習慣をつける。

4

自分にフィットしない物やアプリ、そして、人間関係の断捨離をする。

6日目

自分で決めるための心構えを知る

この旅も残すところあと2日になりました。

昨日は、自分の軸をブレないように太くする日でした。今日は、その自分の軸で考え、自分で決められるようになるための下準備の日です。自分で決められる島に上陸するために意識してほしいことをお伝えします。

昨日までに、たくさんのワークに取り組み、自分に向き合ってきたあなたは、自分で決められなかった過去を振り返って、後悔したり自分を責めるような気持ちになったりしたかもしれません。しかし、そんな「決められなかった自分」も、悪くなかったと思えるお話を今日はしています。

自分に向き合うのに慣れていない人は、少し疲れが見え始めているかもしれません。また、最終日の明日は、いよいよ実際に「自分で決める」フェーズになりエネルギーが必要になります。今日は少しボリュームを少なめにしておりますので、ゆっくりと読んでみてください。

1

もっと「自分で」「好きに」決めていい

では、6日目を始めましょう。

2日目に「正しい答えが無数にある時代」という話をしました。私たちが今生きているのは、とりあえず頑張っていれば幸せになれる時代ではありません。今の時代は自分をしっかり持つことができれば、自由に生き方を決められる時代です。逆に自分の軸を持たずに、周りと比較してばかりいると、さまざまな価値観に振り回されて生きづらくなります。

そんな時代に、自分で決め、自分で決めたことに自信を持つためのポイントを今日はお話しします。

やはり、まず大事になってくることは、何度も出てきますが、自分の気持ちに素直になることです（私はセミナーでもカウンセリングでも大切なことは何度もお伝えします）。自分の気持ちに素直になるとは、どういうことでしょうか。それは、「好き」とか「やりたい」という気持ちを大切にすることだと思うのです。とてもシンプルですね。

　これからあなたが、自分で決めたことを貫いていこうとするときに、周りから何かを言われて、迷ったり、いろんな人の意見が耳に入ってきてどうすればいいか分からなくなるときがあると思います。そんなときに、次のような言葉を、自分で心の中で言い聞かせてみてください。


考えすぎたときこそ、シンプルに。

もっと「自分で」「好きに」決めていい。


　私もできるだけそんな決め方をするように心がけています。

　例えば、出張先への移動手段も宿も「好き」という感覚を大切にしています。東京の拠点である神楽坂は、その街自体がワクワクして好きな場所ですし、定宿としているホテルも庭に木々があって軽井沢みたいですし、隠れ家っぽい上に、バルコニーがあって窓が開けられるのでとても気に入っています（ちなみにこの文章はそのホテルの部屋で書いています）。

すでにお話ししたようにセミナーのテーマも自分がその時々で好きなものを選んでいますし、一緒に仕事をする仲間もスタッフも私が好きな人たちです。

文章を書くことが好きなのですが、だからこそ、文章を書く場所も好きなところを選ぶようにしています。例えば、ホテルのラウンジの雰囲気が好きなので、コーヒーを何回もお代わりしながら執筆することもありますし、大阪や福岡にはパソコンで作業をさせてもらえる馴染みのバーがあるので、自分の部屋での執筆に行き詰まったときはそこに出かけて軽く飲みながら文章を書いています。

私も家族も沖縄が大好きなので、ちょっとした休みがあれば積極的に沖縄に出かけるようにしています。沖縄が好きすぎて我が家では何度も沖縄移住の話題が出てきます。もしかしたら、近いうちに実現してしまうかもしれません。

私もそうですし、私の周りの人、クライアントさんからも同じ話を耳にするのですが、どんどん自分の心が感じる「好き」を優先して決めていくとどんどん人生が自由になっていきます。

「そんな簡単に決められないよ……」と思うかもしれませんが、そんな簡単に決められないときこと、シンプルに決めるのです。価値観が多様化して、**複雑になった社会で幸せに生きる秘訣は、「シンプルに簡単に決断する」**だと思ってください。

とはいえ、いきなりすべてにおいて「好き」で決めることは難しいと思いますので、まずはできるところから始めてみるといいと思います。「服」や「アイテム」や「食べ物」もそうですし、自分の部屋やオフィスのデスクのモノをすべて好きなものに替えることもお勧めです。

さらには休みの日や仕事が終わったオフタイムの過ごし方も「好き」や「やりたいこと」をやってみます。

これもまた〝検証〟です。そうして「好き」や「やりたいこと」をやっていくことで、より良い変化をたくさん体験すると、今度は転職、起業、結婚、離婚、出産などのライフイベントにもそれを適用する自信がついていきます。

「もっと好きで決めていい！」まずはそう自分に許可を与えるところから始めてみませんか。

2

多数決で決める人は幸せになれない？

ある社長さんがインタビューでこんな話をされていました。

「新しいアイデアが浮かんだとき、周りの人に相談する。もし、10人に相談して、半分以上の人が同意してくれた場合、そのアイデアはすでに周知されていて製品化もすぐに行われていると判断して、却下する。また、10人のうち、数人が同意してくれた場合、すでにそのアイデアは広がりつつあり、おそらく製品化に向けて動き出しているだろう。今から自分の会社で行動を起こしても手遅れになっているからそのアイデアは使えない。さらに、10人中1人が同意してくれた場合、そのアイデアはすでに誰かが思いついていて、自分は紙一重で乗り遅れてしまった。だから、そのアイデアは破棄する。結果、**10人に相談して、誰も同意しないアイデアがまだ誰も気づいていないものだか**

ら、それを実行する」

私はその話を読んでとても強いインパクトを受けました。ふつう、逆の発想をしませんか？　みんなが同意してくれたら、そのアイデアは売れる！　と。でも、その社長さんはそうではない。新しいアイデアを商品化するには誰も思いついていないものでなければならない、という信念を持っています。しかし、10人中全員が反対するようなアイデアを実践するには相当強いハートが必要ですよね。こういう人が、時代の先端を行き、成功していくのだと思います。みなさんはそんな勇気ありますか？

この社長さんのエピソードが教えてく

れるのは、「多数決には要注意！」ということです。

多数決ってとても正しい決め方な気がしませんか？　小学校のとき、誰しもが議題を最終的に多数決で決めた経験があると思います。**多数決は、民主的な正しい決め方だとは思いますが、自分の人生を切り開きたい人、自分らしく充実した人生を歩みたい人にとっては、要注意なのです。**「あの人も、あの人もいいって言ってるから、こっちにしようか」といった多数決的な決め方は、まさしく他人軸ですから、こういう思考になっていたら、心の中でストップをかけ、もう一度自分の心に向き合うようにしてください。

私自身は、自分が面白いな！と思うアイデアが浮かんだとき、人に相談しますが、あくまでそれは「参考意見」として聴くことが多いです。だから、反対されようが、賛成されようが、「なるほど、そういう意見もあるんだ」という程度に耳を傾けるようにしています。

その上で、自分がやりたければやってみるし、そうでなければやりません。

しかし、私も長らく、周りの人に相談するとその意見に流されてしまうことが多かったのです。自分がこうしてみたいな、と思って周りの人に相談します。半数以上の人が同意してくれたらなぜか安心して実践できるのですが、反対の方が多かったら臆病になって面白そうなアイデアも引っ込めてしまっていました。だから、かつては「人に相談するのが怖い」と思うこともあったくらいです。

私のクライアントさんでも、離婚や転職などのご相談にいらしたとき、いろいろな人の意見に振り回されている方がいらっしゃいます。

「もう旦那さんと離婚しようと思って家族や友人に相談してみたんです。けれど、みんな『いい年して、何言ってんの？　今さら離婚してどうするの？　苦しくなるに決まってるじゃない？』と言われるんです。自分としては離婚の決意を固めた上で相談したつもりだったんですが、あまりにみんなに反対されるので、離婚しない方がいいのかな、と思い始めてます」

その話を聴いて、私はいつものように「どっちでもいいと思うけどなあ。どっちを選んでも幸せになれると思いますよ。大事なことは自分で決めることですね」とお伝えしました。

離婚や転職だけでなく、服を買うとき、習い事を始めるとき、旅行に行くとき、いろんな人に相談して多数決で決めようとするのは、いわば、他人軸なあり方だと思います。自分軸をしっかり持っていれば、そこは「参考意見」として聴けるのですが、そうでなければ、その意見に振り回されてしまいますよね。

10人中3人しか賛成してくれなかったアイデアを実行する勇気、あなたはありますか？　その勇気を持つための秘訣が「私は……」という自分軸中心のあり方なのです。

3

ほんとうはもう決めている

さて、少し心の深い領域のお話をさせていただこうと思います。

もしかすると、今までのお話がすべて吹っ飛んでしまうかもしれません（笑）。

それは**「私たちはすでに決めている」**ということなのです。

Aにしようか、Bにしようか、という選択肢がやってきたとき、思考で悩み、感情が混乱し、なかなか決められない状態になるとしましょう。しかし、潜在意識の深い領域では、すでにAにするか、Bにするかを決めています。

ほんとうは「選択肢が現れた瞬間に、直感でどうするかを決めている」のです。しかも、その決め方だってすでに決めています。

例えば、こんな感じです。

「あれこれ考えて考えて一度はAに決めるんだけど、途端に不安になって○○さんと、△△さんと、××くんに相談して、それぞれ違う意見が出て余計に混乱して根本さんのカウンセリングを受ける。そこでも『好きにしたらいいよ』と言われてさらに迷い、結局、Aをやめて、Bに決めるんだ。それで一時はすっきりするのだけど、やっぱり気持ちは混乱していて、しばらくAかBか決められない状態が続く。その間は自己嫌悪も激しく出る。そして、2か月ほどたったある日、突然Aにしよう！ って決めるんだ」

なかなか信じられない（実感できない）話かもしれませんが、潜在意識の深い部分では決まっているのです。

AかBかどっちにしよう？ という疑問が浮かんだ瞬間に、あなたの直感はすぐに「A」を選んでいます。でも、そのあと迷うのはここまでお話ししてきた内容で説明ができるのですが、お分かりになりますか？

直感的にAに決めたのに、それに決め切れない理由のひとつは、思考的になってしまうからです。過去の経験や周りから得た情報で損得勘定をしたり、リスクを計算したり、メリット／デメリットを考えたりして、どっちがいいか決められなくなってしまうのです。

2つ目の理由は、感情です。過去の体験から不安や怖れ、不信感などがたくさん出てきてしまい、混乱するのです。

だからこそ、今までご紹介してきたように、思考よりも心を優先する意識を持ち、感情を断捨離することで、「頭」と「心」を一致させていきます。正確に言えば、心の選択肢を頭が受け入れる、ということになります。

そうすることで、心が決めたことに従うことができるのです。

これからの人生でどちらがいいか迷うことって少なからずあるでしょう。そのときに「すでに私は決めているんだろうな。まだどれがいいのかは分からないけれど」という風に思い出してみてください。

それだけでも心のストレスが減っていくと思いませんか？

4

「思考」は直感や感覚を実現させるために使うもの

さて、先ほど「心が決めたことを頭が受け入れる」という話をしました。この本に限らず、心理学系の話を読むと、思考や理性などの「頭」がけっこう否定的に語られているように思えるのですが、じゃあ、「思考」はいらないものか？ といえば、もちろん、そんなことはありません。

思考は思考でとっても大切な役割を持っているのです。

それは直感や感覚的に決めたことを現実化させるときに大いに活躍します。

私は**「思考」というのは、「心」と「社会」を結ぶ懸け橋のような存在**だと思っているのです。

直感や感覚などの「心／潜在意識」はとても抽象的かつ、感覚的な提案をしてきます。「起業してみたら？」「離婚はやめた方がいいよ」「沖縄に移住しようか」という風に。当然、そのときは思考ではそれを決めていませんから、心と頭は一致していません。その段階で思考は混乱し、不安になったり、焦ったり、困ったりします。

そのネガティブな感情を断捨離しつつ、その直感や感覚が決めた答えを実行するためのプログラムを作成するのが「頭／思考」の大切な役割なのです。

過去の決められなかった自分も悪くない

そう考えると**今までの「決められなかった自分」は、思考と感情の使い方が逆だっただけで、何も悪くなかったことに気づけるでしょう。**

考えすぎる癖のある方は、直感の声を現実化するための「考えるトレーニング」をしてきたのです。「Aにしたらあの人は心配するだろうな」と考えてしまった人は、「Aにしたときあの人は心配するだろうから、こう伝えよう」と考えることができます。今まで決められなかったのは、まだ心の声を聴く耳を十分持っていなかっただけで、直感や感情に耳を傾けられるようになった今は、その声に従って「心の声を実現するために考えること」はむしろ得意なことに感じられるかもしれません。

また、アイデンティティを喪失するくらい周りに流されてきたことも、見方を変えれば周りの人の気持ちを察する能力が高いことを表しています。つまり、そんなあなたは敏感な感性の持ち主なのです。その感性を活かし、自分の心の声に耳を傾けると同時に、周りの人への配慮を引き続き行うことで、彼らのサポートを受けやすくなると思いませんか？

完璧主義や優等生だったあなたはまじめで、誠実なため、周りの人から信頼される存在です。調整役をやってきた方はその名の通り周りの人の橋渡しがうまく、自転車のハブのように人と人とをつなげることに長けています。

自分で決められなかった時代は自己嫌悪も激しく、自分に自信が持てなかった（自己肯定感が低かった）かもしれませんが、その一方で、さまざまな強みを持っていると言えるのです。

よく年齢を重ねると「若い頃はめちゃくちゃだったなあ」と懐かしく、肯定的に振り返る大人がいますが、今のあなたもあの決められなかった時代を振り返って、「必ずしも悪いことではなかったよな」と意識してみてもいいのではないでしょうか？

私の体験をご紹介したいと思います。

私は東京・神楽坂でセミナールームを運営していますが、その運営を引き継ぐことを決めたときのお話です。ある日、前の運営者の方から「ここを引き払うつもりなのだけど、よかったら根本さんが、あとを引き継いでもらえませんか？」という話を突然いただいたのです。あまりにびっくりしましたが、そのとき、直感的に「はい！」という答えを感じていました。私は20年近く、あちこちでセミナーをしていますが、このセミナールームはその中で一番お気に入りの会場だったのです。そこを自分で好きに使えるようになる！と思えばワクワクが止まりませんでした。

しかし、冷静に考えてみれば、いろいろとリスクも浮かびます。そもそも私は大阪在住で、東京にあるこの場所を頻繁に使えるわけではありません。となると、セミナールームの管理を誰かに委託する必要が出てきます。また、セミナールームの運営というのは経験がないことですし、その時点でもすでになかなか多忙を極めておりましたので、そこに手が回るのかどうか？　を考えれば自明でした。そして、当然ながら家賃もとても高い。固定費を増やしたくない経営者マインドとしては躊躇してしまうところです。そのため、即答はせずに「少し考えさせてください」というお話をその場でして、すぐに作戦会議を開くことにしました。

思考的にこの話をとらえれば、先ほどの理由からお断りすることがふつうだと思います。しかし、私の心の声は「はい！　喜んで！」でした。ワクワクしていたし、あの場所がなくなるのはほんと辛いことですから、その心の声を実現するためにどうしたらいいのか？　を考えることにしたのです。

私一人では到底管理まで手が回らないですから、仲間たちに連絡をして運営のサポートをお願いしました。真っ先に妻に相談したのですが、いつも私がクライアントさんに言うように「あなたがしたいんだったらいいんじゃない？私もクリスタルボウルの演奏会とかやりたいから助かる！」とむしろ喜んでくれていました。また、スタッフのＩくんはむしろ前のめりになってサポートを約束してくれました（彼は結局、神楽坂に引っ越してきてセミナールームの近くに住むことまで決めてくれました）。また、お掃除や物品の管理なども女子スタッフたちが喜んで引き受けてくれました。経営者の友人も「講師をやっている知り合いがたくさんいるから宣伝しとくよ！」と言ってくれたのです。

そうした声に押されて、数時間後には「喜んで引き継ぎさせていただきます！」と返事をしていたのでした。

心の声に従うと、こんなに物事がスムーズに進むんですね。

思考的に考えれば、神楽坂にセミナールームを持つことはリスクでしかないかもしれません。しかし、心の声は時に、それとは真逆の結論を提示してきて私たちを混乱させてくれます。そういうとき、私は「心の声」を優先することを自分でもやっていますし、クライアントさんたちにもお勧めしています。

そして、その心の声を実現させるために「思考」をフルに使えばいいのです。

さらに言えば、その実現のためには私がしたように仲間やサポーターの存在は必須だと思っています。先に紹介したスタッフや友人だけでなく、税理士や別の仲間たちにもいろいろと相談しましたし、現に、今もチームでセミナールームを運営しているのです。

直感を実現させるために思考を使う。

早速今日から試してみてはいかがでしょうか？

5

「自分で決める」ことに勇気は必要?

「決める勇気がないんです」とか「なんで私は勇気がないんだろう」という声をよく耳にします。みなさんもそう感じること、ないでしょうか?

決めてしまったら……もう後に引けない。ひっくり返すことはできない。何とかするしかない。でも、それだけの覚悟がまだない……。

そんな葛藤を感じていらっしゃるのかもしれません。

でも、もしかしたら、そんな迷いが出てくるとしたら、まだまだ頭で考えているか、心の声に耳を傾けられていないのかもしれません。

なぜなら、あなたはもうすでに決めているから、です。

私自身も日々、さまざまな決断をしています。先ほど紹介したセミナールームを運営するような大きな話はそうそうないですけれど、どんなセミナーをするのか？　いつセッションをするのか？　福岡に行くならいつなのか？　ある方からコラボセミナーの開催を持ちかけられたけど受けるのかどうか？　本の原稿を今日書くのか、書かないのか？　そのまままっすぐホテルに帰るのか、それとももう一軒寄るのか？　ほんとここには書ききれないくらいの決断を私は日々していると思います。

そこですぐに「よし、もう一軒行こう！」と決められるときもあれば、逆に「うーん、どうしようかなあ……」と迷いに迷うときも珍しくありません。

そんなとき、私は自分にこんな声をかけるようにしているのです。

「ほんとはもう決めているくせに」

そうなんですよね。自分がどうするか？はおそらく一瞬で答えが出ています。しかし、それを感情やら思考やらが干渉してきてよく分からなくなってしまっているのです。

もう少し、違うメッセージをかけるならばコレです。

「自分らしいのはどれ？」

この質問は頻繁に自分に問いかけ続けているものなんです。

「ここでどうするのが自分らしいの？」という問いはけっこう核心に迫るもので、「その話をいただいたときに一瞬、ワクワクっとしちゃったな。ということは、自分はやる気なんだな」と解釈したり、「無理をすればこの日程で福岡に行けないこともないけれど、無理やりって感覚があるということは、自分らしくないってことなんだな」と思い直したりしています。

だから、決めることに勇気がいるか？という質問に対して、私は「必要ないんじゃないかな？」と答えています。だって、自分の心の底ではもう決めているからです。

そもそも「決めることに勇気がいる」と感じるのは、決めることに何らかの不安や怖れを感じているときなのですが、「心の奥底ではもう決めている」ことを受け入れられたら、勇気の必要性は感じなくなるでしょう。

だから、**勇気が必要だとすれば、自分の直感（心の声）を「信頼」し、その決めている答えを「受け入れる」ということであり、その決めている答えに「従う」ということ**なのです。

そうすると次なる疑問がまた浮かんでくると思います。

「こうしようと決めたとしても、いざ行動しようとするときに怖くなって動けない」〝決める勇気〟ならず、〝行動する勇気〟に関する問題です。

Aか Bかの選択が与えられたとき、自分の心はAを選択し、それを自分自身も受け入れ、Aでいくことを決めます。しかし、実際、そのAプランを実行するときに怖れが出てくるわけです。

その怖れというのは、その多くが「過去のデータに基づく怖れ」です。

つまり、2日目にお話しした「なぜ決められないか?」というテーマにつながっていくものなのです。

なぜならば、**「行動する」ということも「決める」ことの一部だからです。「行動することを決める」から、行動できるのです**よね。

だから、「行動する」ということでつまずいたときは、またそのテーマを持って2日目から読み直してみるといいでしょう。でも、戻ってしまった……と嘆く必要はありません。ここまで読み進めてきたみなさんはすでに「決める経験値」を持っています。だから、意外と早くこのページに戻ってこられると思います。そこが双六の「ふりだしに戻る」とは違う点だと思います。

DAY 6

6日目のワーク

①

「私はどんな生き方に幸せを感じるのだろう？

私はどんな風に収入を得ることに喜びを感じるのだろう？

私がワクワクできるような家庭はどんなだろう？

私はほんとうは何がしたいのだろう？」

という質問を自分に投げかけて、直感、もしくは、感覚的に出てきた答えをメモしてください。「分からない」でも構いません。そして、この問いを思い出したときに自分に聞き、答えをメモすることを習慣づけていきましょう。

WORK

2

「好き」「やりたい」をできる範囲でやってみて、成功体験をメモしておいてください。それが自信につながります。

3

あなたが「ふと思ったこと」（直感）を実現させるために思考を使うことを意識して過ごしてみてください。そんな大きなものでなくても構いません。「ふと本を読みたくなった」「ふと天ぷらが食べたくなった」「ふと海を見たくなった」、そんな直感を否定せずに実現させるためのプランを考えてみてください。このレッスンを繰り返すことで、直感を信頼し、その実現のために思考を使う習慣をつけることができるでしょう。

7日目

自分で決められる人になる

7日目をはじめる前に

いよいよ最終日です。

この旅の前半では、自分自身に気づき、原因を掘り下げ、自分を縛りつけていた鎧を捨てるワークをすることで、自分軸を確立する準備をしました。そして、後半に取り組んだのは、ほんとうの自分と出会い、自分の感覚とつながり、自分軸を太くするワークでした。

今、あなたは「自分で決められる島」の一歩手前まで来ています。最後の1日は、「自分で決められる人」に近づきつつあるあなたが、実際にどうやって自分で決めていけばいいのか？ をテーマにお話しします。いよいよ「自分で決める」日がやってきたのです。

みなさんは、これからの人生、たくさん自分で決める場面に出くわします。その際に、自分で決められなかった人がどのような意識で決めていけばいいのか、そのポイントをお伝えしていきます。

後悔のない人生とは、自分の道を自分で決め、そのことに自信を持っていることだと私は思います。みなさんが、明日以降、自信を持って自分の人生を歩めるように、すべてをお話しします。

1

直感と感覚で決める

では、7日目を始めましょう。

結婚・離婚、出産、転職、起業、引っ越しなどのライフイベントから、今日着ていく服やランチをどうするか？まで、私たちは日々「決めること」の連続で生きています。

なんとなしに決めていることもあれば、迷いに迷って決断することもあります。

例えば、この本をお読みのあなたも「これを読む」と決めて読んでくださっているわけですね。

だから、私たちは意識せずとも常に何かを決め続けていると言えます。

しかし、そこに「もし失敗したら……」「誰かに迷惑をかけるとしたら……」と、ネガティブな感情が紛れ込んでくると、途端に思考が動き出して迷い始めるわけです。

ここまでそうした感情を整理し、自分の思考パターンを手放すこと、そして、直感や感覚を信頼することをあなたは学んできました。

そして、自覚はなくとも「自分はもう決めている」ことをあなたは知っています。

さらに、何か選択肢が与えられ、あなたが決めなきゃいけなくなった瞬間に、もう答えは出ているのです。

では、どうやってその答えを得るのか？というと、「あなたが心地よいと思うものが、あなたにとって正解」ということです。その「心地よさ」は感覚が教えてくれるものです。


自分の気分の良い方に決める。

ワクワクする方に決める。


これが「自分で決める方法」の一番の基本です。

論理的に考えれば「Ｎｏ」であったとしても、あなたの感覚が「Ｙｅｓ」の方が心地よいというのであれば、あなたは「Ｙｅｓ」を選ぶのが良いのです。

もし、「心地よさ」が分からない、というのであれば、思考パターンがまだ根強く残っていたり、感情の整理が進んでいないのかもしれません。もう一度3日目に戻ってやり直してみてください。

もちろん、あなたのその決定に周りの人は反対するかもしれません。

しかし、あなたの心がそれを支持するのであれば、あなたはそれを信頼してみるのです。そうすると必ず、その決定を信頼してくれる味方も現れます。

うまくいくかどうか、というのは実はとてもあいまいなものです。ある時点で「うまくいった！」と思うことが、別のタイミングでは「失敗した！」となるケースも多々あります。経済的な利益を上げることが必ずしも幸せをもたらすとは限りません。それはあなたの価値観によるものです。

この直感や感覚で決める、というやり方は、あなたが幸せになる決め方、と言ってもいいでしょう。自分を信頼して下した決定ですから、自己信頼＝自信もつきます。

とはいえ、現実的にも直感や感覚で決めることは予想以上の成功を収めることが多いのも事実です。ふだんからそうやって物事を決める習慣をつけると、ライフイベントのような大きな決断の際も迷わずに決められるようになるはずです。

そうすると、あなたは問題が起きた瞬間に決めることができる人になっています。

あなたはそのとき「決断力のある人」と人から称されるようになっているでしょう。

人間関係は大丈夫？

さて、そうした直感や感覚で決める、心地よい方に決める、と言われると「周りの人との関係が崩れるのではないか？」と思われる方もいらっしゃるでしょう。


ある事例を紹介したいと思います。

彼女は仕事がとてもよくできる人でしたが、つい周りの人に気を使ってしまい、気疲れすることが多い日々を過ごしていました。その職場はいい人ばかりで仲が良く、彼女もとてもそこが気に入っていたのですが、ある問題がありました。

それは飲み会のあとのカラオケがとても苦痛だということ。

彼女はお酒も好きだし、美味しいものも好きなので、職場の人たちが頻繁に開く飲み会に参加することは全然苦痛ではありません。しかし、そのあと決まってみんなでカラオケに行くのですが、彼女はカラオケが好きではありません。だから、いつも我慢して付き合っていたのですが、ある日、彼女は「カラオケに行かない」ということを心の声に従って決めるのです。

もちろん、それを職場の仲間に伝えるのはとても勇気がいりました。しかし、自分の素直な気持ちを大切にし、心の声に従うことを彼女は決めたのです。

すると仲間たちはあっさりとそれを受け入れてくれました。

もちろん、彼女はその反応にびっくりするだけでなく、彼らのことがますます好きになり、仕事にもさらに熱が入るようになりました。


自分の心に従うとうまくいく、という典型的な事例なのですが、もちろん、そんなうまい話ばかりではありません。今度は別の例をご紹介しましょう。

ある会社の2代目の社長さんは長年、付き合いのある取引先との関係に悩んでいました。先代から付き合いがあり、取引額もそれなりに大きいのでずっと関係を続けていたのですが、いつも無茶な要求が多く、支払いも延滞することが多く、彼はその取引先を信頼できなくなっていたのです。しかも、もっとコストも品質も良い企業と出会ったので、そちらとの取引に切り替えたい気持ちが強くなっていました。

そして、彼は自分の心の声に従い、長い付き合いの取引先と縁を切ることにしました。

当然、社内からの反発は大きく、特に古くからの従業員は猛反対しました。「何を勝手に決めているんだ。2代目のくせに」とあからさまに批判する人もいましたし、取引先からも暴言のような言葉を投げかけられることもありました。

しかし、彼はそんな批判に耐え、自分の気持ちを信頼し続けました。それは、数は少ないけれど同意してくれた従業員の支えもありましたし、何より会社を良くしたい気持ちがその決定を支持していたのです。

とはいえ、その動揺は従業員たちにも波及し、士気が落ち、つまらないミスも続出して、別の取引先に迷惑をかける、ということも起きました。

彼は根気強く反対派と話し合いを重ね、新しい取引先との契約のメリットを説明し続けました。何度も心が折れそうになりますが、そのたびに自分の心を信じ続けたのです。

そして、新しい取引先の商品が以前よりもずっと質が良いこと、そして、コストパフォーマンスに優れていることが現場の社員たちに理解されるようになっていきました。また、新しい取引先の営業マンの態度も以前よりはずっと紳士的だったので、社長である彼の決定を支持する仲間たちが増えていったのです。

そして、結果的に反対派だった人たちも徐々に理解を示すようになります。

しかし、成果はそれだけではありませんでした。この問題で会社内が荒れていたのですが、従業員がそれぞれ自分の考えや気持ちを表現するようになっていました。そして、社員同士の絆も以前よりもずっと深まっていったのです。どちらかというと今までは上に対してモノを言いにくい雰囲気がありましたが、今では自然と上司や経営陣に対して部下たちが自分の意見を話すようになり、とても風通しが良くなったのです。

これは、社長が自分の心を信頼し続け、伝え続けた成果と言えます。

彼に「怖くなかった?」とお聞きすると、「さすがに怖かったですよ。けど、自分の気持ちを信じる覚悟はできていましたから、耐えられました。自分を信じるってこういうことなんだな、と私もこの体験を通じて学びました」とおっしゃっていたのです。

2

一歩前へ、というイメージを持つ

人生を左右する大きな決断をするときや、周りの人を巻き込むような決断をするときは、頭で分かっていてもなかなか決められないいくらい「怖れ」「不安」が強くなります。その感情をいくら吐き出しても次々と湧き上がってくることもあるでしょう。

自分が決めた答えに対しても「ほんとうにこれで大丈夫だろうか？」という疑いが湧き上がってくるでしょうし、そうしたときに限って、その決定にネガティブな影響を与えるできごとに遭遇したりもします。

そうすると、自分の心に従って物事を決める、ということがとても不自然なように感じてしまい、心の声に反する〝無難な〟〝玉虫色の〟答えになびいてしまいそうにもなります。

心の声に従って決める、ということが習慣化されると、そうしたネガティブな感情が出てくることは減りますし、また、周りの批判的な声も受け流すことができるようになりますが、そうなるまでにはそれなりの時間がかかります。

そこで私がいつもお勧めしているのはちょっとしたイメージワークなんです。

「その問題を思い浮かべ、深呼吸をして、一歩前に出る、というイメージをする」

たったこれだけです。セッションなどでは、実際に立ち上がっていただいて、一歩前に踏み出してもらうこともあります。ごくごくシンプルなものですから、みなさんもやってみてください。

自分が決めなきゃいけない選択肢を思い浮かべながら一歩前に出るだけですが、これが意外と心を軽くしたり、力強さを与えてくれたり、迷いを消してくれたりするのです。

あるクライアントさんは不毛な恋愛を断ち切れずにいたのですが、毎日のように家などで「未来のない彼との関係を終わらせることを決める」と言いながら一歩前に出るイメージをしてくれたそうです。はじめは何も変化を感じられなかったのですが、だんだんその選択に自信が持てるようになり、わずか1週間後に彼に別れを告げることができただけでなく、不思議なほどに別れた後も彼を引きずることがなかったそうです。

一歩前へ出る。シンプルだけど効果的な方法ですので、騙されたと思ってやってみてくださいね。

3

5年後、10年後を妄想してみる

「どんな人生をあなたは歩みたいですか?」という趣旨の質問を人生に迷った方によくします。

例えば、「今は仕事とプライベートがほどよくバランスが取れているのですが、ついつい

先日、新しいプロジェクトにリーダーとして参加する話があったんです。そのプロジェクトにはとてもワクワクして、すぐにでも飛びつきたい気持ちなんですが、今のワークバランスが崩れてしまい、妻と過ごす時間や趣味に費やす時間がなくなると思うと悩ましいんです」という相談がありました。

また、ある奥様からは「今、好きな彼がいて、どんどんいい感じになっているのですが、一方で、旦那さんとも安定的な関係を築いているんです。子どもを持つことを考え

ると、どちらか一人に決めなければならないと思うのですが、なかなか決められずずるずるきてしまっています」という相談もありました。

そんな彼らにはこんなお話をさせていただきました。

「5年後、あるいは、10年後、あなたはどんな人生にしていたいですか？　誰とその生活をしているか？　まずは自由に思い描いてみてください」

そのとき、前者のご相談をしてくれた彼は「出世欲はそこまでないし、会社に執着しているわけではありません。そのプロジェクトは魅力的ですが、それで大切な妻や趣味にかける時間がなくなるのであれば本望ではないのかも」と即座に答えられました。

一方、後者の相談をしてくださった奥さんは「5年後、10年後ですか。子どもはほしいです。中古マンションを自由にリノベして快適な空間に住んでいたいですね。そのとき誰が隣にいるか……ちょっと今はまだ想像し辛いですね。じっくりその世界を想像してみればいいんですよね？」とお答えになり、宿題として持ち帰られました。

しばらくして彼女は「他にもいろいろとやりたいことが見えてきました。今の仕事も続けたいし、海外にも出かけたいし、自由で好きなことをして生きていきたいと思ったんです。そうすると、ものすごく悩んだのですが、そんな人生を送るには今の旦那さんの方がふさわしいんじゃないかと思えてきました。そうしたら、彼への興味が薄れ、旦那さんへの気持ちが戻ってきました」と報告してくださいました。

未来にどんな人生が待っているかは当然ながら今の私たちには分かりません。だからこそ自由自在に未来を描けるのです。ワクワクするような未来を描く（＝ヴィジョンを描く）ことで、自分がほんとうに望んでいること、生きたい人生が見えてくることがよくあるものです。

4

一度決めても、くつがえしていい

決められない人の中には、一度決めたことはくつがえしてはいけない、と思い込んでいる人がいます。しかし、「決める」というのは1回で終わりではありません。

何度も、何度も、決め続けるのです。もちろん、その瞬間、瞬間に心に従って決めていきます。ですので、時にふと決めたことをくつがえしたくなることもあるかもしれません。

もちろん、それでかまいません。**くつがえしたい気持ちが他人軸ではなく自分軸で心に従ったものであれば、自分を責める必要もありません。「気が変わったの」でいいのです。**

決断力のある人を観察してみてください。朝と夜で言っていることが全然違う、というシーンを目にすることも多いと思います。

AかBでAだ、と決めたとしても、自分の心の変化により、やっぱりBにする、とくつがえしても全然問題はありません。もちろん、周りの人は振り回される可能性はありますが、くつがえしたい気持ちを抑え込み、のちのちになって爆発するよりもマシです。

一度決めたことはくつがえしてはいけない、という思い込みがあると、だんだん心の声と分離してしまいますから、何かおかしなことになってしまうことも大いにあります。

そこは意地を張らず、素直に頭を下げて、「やっぱりBでいく」と決め直したらいいのです。

5

他人に相談する

「自分で決める」といっても、他人に相談しちゃいけないわけではありません。自分で決められる人も、他人に意見を求めることは多々あります。ただし、自分で決められない人は、他人軸になりやすいので、他人の意見に振り回されやすい傾向にあります。他人に相談するときもあくまでも自分軸で意見を聴くことが重要なのです。

他人軸になりやすい人は、相談する際に、以下のことを意識してみてください。

① あくまで「参考意見」として聴く
② 仲間を作るイメージで
③ 相手の意図をきちんと汲み取る

当たり前のことですが、人はそれぞれの価値観をベースにさまざまな決断をしています。あなたのためを思って言ってくれる意見も、あくまでその人の価値観を通してよかれと思って言っています。ですので、自分軸をより意識して「○○さんはこういう風に考える人なのだ」ときちんと線引きして、あくまでも参考意見として聴いておきます(①)。もちろん、どうしてそういう考えになったのかもお聞きし、その理由に納得すればそのままその意見を採用しても構いません。しかし、それは「その人が言ってくれたから」という他人軸ではなく、あくまで「私も同じ考えだから」という自分軸であることが重要です。

また、他人に相談することで、言葉は悪いですが、その人を「共犯者」にすることができます(②)。あなたが真剣に相談を持ち掛ければ、あなたが信頼するその人もまた真剣に向き合ってくれるでしょう。そうすると意見を求められた立場として、あなたのことを放っておけなくなります。「そういえばあの件はどうなったの?」とあなたのことを思い出して、時には質問もしてくれるでしょう。そんな風に気にかけてもらったら、よりその決断を確固たるものにしたいと熱が入るでしょうし、同時に、安心感も得られるでしょう。

「相談する」ということは、こんな風にあなたを孤独から救う方法でもあるのです。だから、一人で抱え込まずに、信頼できる人に相談することはとてもお勧めなのです。

最後に、これが最も重要なのですが、人それぞれ価値観が違うということは、その言葉の意味や意図が自分の解釈と異なる可能性がある、ということです。従って、相手の言葉を額面通りに受け取らずに、その意図をきちんと理解すべく「質問」をしたり、意図を確認したりすることは忘れずにしておきたいものです（③）。

「それはどういう意図でお話ししてくださったのでしょうか？」「これって○○という解釈で合っていますか？」などの質問はより理解を深めると同時に、仲間としての絆をより強固にする効果もあります。せっかく相談に応えてくださったのですから、敬意をもってきちんと理解すべく、恥ずかしがらずにぜひ疑問点はその場で解消するようにしたいものです。

そうすることで、より相手の意図が理解できるので、あなたの決断に有効な意見となると思います。

6

期限を設けてうまく決める方法

何かを決断しようとするときに、期限を設けることでうまく決められることもあります。

「今の家を引っ越そうか、そのまま住み続けようか」という選択肢があるとき、再来月が更新月だから、転居するならば今月末までに大家さんに伝えなければいけない、という制約条件によって「じゃあ、どうするか？」という決断を迫られるとあっさり決められることも少なくありません。

それは「期限を設ける」という条件を付けることによって、その物事により集中して意識が向けられることになるからです。しかし、そこでも大切なことはやはり「思考」だけで決めない、ということ。

自分はどうしたいのか？　ほんとうにやりたいことは何なのか？　それで気持ちは晴れるのか？　ワクワクするのか？　そうした心の声を聴きながら決めることが大切です。

ただ、期限を設けても決められないときはあります。そのときは、決められないからと言って、自分を責めないことが大切です。自己肯定感が下がり、より決められなくなってしまいます。

例えば、引っ越しなどで、期限までに決められなかったという話をお聞きすると、私はこういう風にお答えします。

「ということは、あなたの心は決めないことを決めていたのかもしれませんね。まだこの家を出る時期じゃないと思っていたのかもしれないし、逆に、この家にもう少し住みたいと思っているのかもしれません。結果的に契約を延長することを決めたんですよね。それでよかったのではないでしょうか？」

物事の解釈はさまざまです。否定的に解釈することもできますし、逆に、ポジティブにとらえることだってできます。自己肯定感が高ければ、それを「良いこと」として受け取ることができるものです。

答えが出るまで放置するのもアリ？

あれこれ考え続けたり、心の声を聴き続けたりしてもなかなかピンとくる答えが出ないときもあります。思い悩むことでエネルギーが落ちていたり、仕事や日常生活でストレスが溜まっていたりすると、どちらかというとそちらに意識が取られて心の声もよく聞こえなくなるのです。

そういうときはまずは自分自身の調子を取り戻すことが先です。期限が迫る事案があったとしても、心の状態を回復させることをあえておすすめしています。

直感や感覚で決めるのであれば、心が疲れていたらなかなか難しくなりますものね。

だから、体や心を休めていると「ふと」答えがやってくることもあるのです。

ある人が独立起業を考えていたときのことです。あれこれ準備をして、職場との調整もし、順調にその方向に進んでいたのですが、あるとき「ほんとうに独立したいのか？今のままの方が幸せではないか？」という疑いの気持ちが湧き上がってきました。

そんなときにご相談にいらしたのですが、私は彼がとてもお疲れになっているように見えました。今の会社で仕事をしつつ、空いた時間に起業の準備をしているわけですから、時間的にも圧迫されていましたし、頑張りすぎて精神的に疲労が溜まっていたのです。

そこで、まずは心の疲れを取ることを優先するためにいったん、起業のプロセスを止め、ゆっくりと過ごすことをおすすめしたのです。

「温泉でも行ってきたらいいですよ」という提案に、彼は名古屋から秋田まで車を飛ばして1週間ほど名湯に滞在したそうです。はじめのうちはどっと疲れが出て何も考えられなかったそうですが、いよいよ翌日名古屋に帰る、という日にふと「もう大丈夫だ。今こそ、起業のタイミングだ」という声が聞こえたのです。

その声に彼は奮い立ち、予定を1日前倒しし、夜通し車を運転して名古屋に帰って来て、早速、その日から改めて独立起業の準備を再スタートされました。

その帰り道は当然、長時間の運転になりましたが、心は羽が生えたように軽くなり、そして、起業のことを考えるとただひたすらワクワクして今すぐにでも取り掛かりたい気持ちでいっぱいだったそうです。

このように心の声に耳を傾けていても雑念が多かったり、ワクワクする気持ちがあまり感じられなくなったりしたのならば、いったん、その場を離れ、心の疲れを取ることで「ふと」答えがやってくることも珍しくないのです。

心の疲れを取る、というのはやはり自分が好きなこと、心地よいこと、楽しめることです。

彼は温泉が好きで、ずっと秋田の名湯を回りたい気持ちがあったのですね。

カラオケが好きな人は何時間も歌い続けてみる。旅行が好きな人は思い切って好きな場所に行ってみる。海が好きならば飽きるまで海辺で過ごしてみる。そうすることで心の疲れが取れていきます。

1

後出しジャンケンで決めない

後出しジャンケンでは幸せになれない

自分で決められない人から、このようなご相談をいただくことがよくあります。

「私は今お付き合いしている彼と結婚したいのですが、彼は今、仕事が面白くて忙しく、しばらくは結婚できないと言います。私は待っていればいいのでしょうか？　しかし、年齢を考えても早く子どもがほしいという思いもあり、別の人を探した方がいいのか迷っているのです」

お気持ちはよく分かります。

もちろんこの相談に対しても「どちらでもいいですよ」と私はお答えします。どちらを選んでも自分が心から納得して決めれば幸せになれる可能性は十分あるからです。

ただ、もし彼女が他の人を探す、ということにワクワクしないのであれば（つまりそれは頭で考えているということです）、そちらを選ぶのはあまりお勧めしていません。だって彼のことが大好きなんでしょう？　と思うからです。

こうした「相手」のあることとは、つい「相手の動向を見てから自分の結論を出そう」とする傾向があります。男性が女性にプロポーズするもの、という思い込みや願望があるならば、待つことが正しいように思えますね（その場合は「待つことを決める」となりますね）。

ただ闇雲に彼の判断を待つ、というのでは彼女の中で不安な気持ちはずっと付きまとってくるでしょう。そこで大切なことは「まず、自分が結婚を決める」ということです。

もちろん、これはビジネスでも、日常生活の中でも言えることです。

相手があることですから、**お互いの選択が一致しないと物事は先に進みません。しかし、相手が決めたら自分も決める、という「後出しジャンケン」のようなあり方だと、相手が決めるまでは自分はずっとイライラしながら待たなければいけなくなります。**

とはいえ、「自分が先に決めてしまって、でも、相手がすぐに決めてくれなかったらどうしたらいいの？」と思われるかもしれません。

そこで重要なのが「相手を信頼して待つ」ということです。

先の例で言えば「私は彼と結婚することに決めた。あとは彼がどうするかを信頼して待つだけだ」という表現になります。では、信頼して待つ、とはどういうことなのでしょう？　ただただ待つだけではやはり不安もありますし、その決定をくつがえしたくなってしまうかもしれません。

相手からバトンを渡されるのを待つな

信頼して待つ、とはこのような思いのことを言います。

「私は彼と結婚することを決めたから、バトンは彼の手にある。あとは彼に任せよう。彼は自分で自分の人生を決めることができる人だ。今は仕事で忙しい時期だけれど、その一方で、ちゃんと私とのことを考えてくれている。彼はそういう人だからだ。だから、私は今できることをして、彼の選択を待つことにしよう」（※彼にプロポーズせよ、という意味ではありませんのでご注意ください。ただ、自分の中で決める、ということです）

このように「自分の中で決断し、あとは信頼して待つ」という行為は、自分の持っているバトンを相手に渡すことです。「自分で決められない人」は逆に相手からバトンを渡されるのを待ちます。自分の持っているバトンを渡すことができるのは、彼が信頼に足る人物であることを知っていること、そして、その彼の行動を信頼しているからでもあります。

すなわち、この信頼して待つというのは「人事を尽くして天命を待つ」ということわざと同じ意味なのです。このことわざは「人としてできる限りのことを尽くしたら、あとは静かに天の意思に任せる」という意味なので、相手にバトンを渡したら、必要以上に相手の動向を気にするのではなく、どっしりと構えていてください。

自分を磨くことでもいいですし、好きなことややりたいことをやって自己肯定感をあげることでもいいですし、このケースだったら花嫁修業などでも構いません。ここまで紹介してきたワークを改めてやり直すことも、より自分の決断に自信を与えてくれるでしょう。

8 自分の決めたことを信じ続けるコツ

一度、決めたことに対してその後も不安や迷い、疑いなどの思いが出てくることも容易に想像できるでしょう。「転職を決意したときはホッとしてワクワクしてきたけれど、その次の瞬間からほんとうに大丈夫か？という不安がやってきて迷うようになってしまった」などの声もよく聞きます。

もちろん、自分の心と対話することで「やはり転職はしないことに決め直した」でも構わないのですが、もし、その決めたことを信じ続けるコツがあるとすれば、やはりそれは思考ではなく、感情や感覚を意識することです。

心の声に従って決めると不安があっても、ワクワクした気持ちが出てくるはずです。そして、思考や過去の経験がそのワクワクした気持ちを抑え込もうと働くわけですが、そこで改めてその決めたことに意識を向けてみます。
その先にどんな素晴らしい未来が待っているのか？
それが自分にどのような喜びをもたらすのか？
それによって周りの人たちにどんな恩恵を与えるのか？

そうしたワクワクした未来を「ヴィジョン」と言います。
このヴィジョンを描き続けることで、そのワクワク感はさらに増幅され、早くその状態になることが待ち遠しくなります。

私は2015年4月に独立してフリーのカウンセラーとして活動を始めたのですが、当時所属していた会社を辞める決意をしたのはその1年半ほど前でした。きっと大丈夫と信じている一方で、一人でやっていく孤独感や不安、そして、さまざまな葛藤がやってきました。

そこで私がしたこととは、独立したあとにやりたいことをイメージすることです。実際はパソコンにその後に成し遂げたいことをどんどんリストアップし、さらにそれらを具体的に書き出す作業をしていました。

・リトリートセミナーを開催したい。
・札幌や沖縄など、今までやったことのない場所で講演会やセミナーをしたい。
・定期的に本を出版したい。
・もっと気軽に出張計画を練りたい（当時の私は2年先までスケジュールが決まっていました）。
・思い付きでセミナーを企画したい。
・家族で気軽に旅をしたい。
・各地の美味しい店に出向きたい。
・もっと豊かさを受け取って余裕のある生活をしたい。

そのようなことをたくさん書き出していました。そして、それをもっと具体的に落とし込んでいき、気の早いことに親しい友人にその計画を話したりもしていました。

そうしているうちにどんどんワクワクしてくるようになり、「早く辞めたい！」という思いが膨らんでくるようになりました。つまり、その日が待ち遠しくなったのです。

一度、決めたこともそのままにしておくと、心の中のネガティブな声に押しつぶされてしまうものですが、こうしてその後の物語を描いていくとどんどんワクワクした気持ちが広がってくるものです。

この作業の効果はそれだけではありません。

このリストを作っている間、私は「ほんとうにこれは独立しないとできないことなのか？」ということを問い続けていました。その答えはほとんどがＹｅｓでしたが、それによって思考も感情もその決定に納得感を深めていきました。

さらに、その問いかけによって「独立する」という私の決断が何度も何度も試されることになります。「ほんとうに辞めたいの？ほんとうにひとりでやっていきたいの？」と。そして、その質問にＹｅｓと答え続けることでどんどん覚悟も決まっていったのです。

「今、できること」を見つけて行動する＝自信をつける

自分の心に従って決めたあとに限らないのですが、「今、できること」を見つけて実際に行動してみると、それがどんどん自信へと変わっていくことに気づくと思います。

自信をつけるには行動が必須です。頭の中で考えているだけでは自信はつきません。

先ほどの私の例で言えば、「やりたいことを書き出す」「それを具体化する」「親しい友人にその計画を話す」などが「行動」になるでしょうか。他にも私は「新しいブログを立ち上げる」「カウンセリングやセミナーの予約システムを検討する」「セミナー会場を探す」「知人の紹介でコンサルタントと出会う」などの行動をしていました。

そうして、自分で決めたことを後押ししていくような具体的な行動をとることによって自信がついていくことになります。

私のクライアントさんの中には「離婚の決意が揺るぎそうなので毎月カウンセリングに通ってます」という方もいらっしゃいます。確かにそれも具体的な行動ですね。

決めたあとにただじっとしていると不安や怖れがやってきますから、今できることを見つけて行動してみることで、それを自信に変えることができるのです。

DAY 7

7日目のワーク

1

今日から日々の選択を直感と感覚だけで決めていくレッスンを始めましょう。はじめはうまくいかないかもしれませんが、根気よく続けてみてください。そのコツを掴んだら、今度は直感や感覚で決めた結果を検証しながら、引き続きこれを習慣化させていきます。

WORK

2

あなたが今、迷っていることや、決断を迫られていることについて、直感と感覚で決めてみます。そして、その決めたことにワクワクできるようにより具体的なイメージを膨らませていきましょう。そのヴィジョンはぜひノートやＰＣに書き出しておくことをお勧めします。

3

そのヴィジョンに基づいて「今できること」を探して行動してみましょう。できれば、その行動もノートやＰＣに記録しておくことをお勧めします。

おわりに
キミは何も間違っていない

最後までお読みいただきありがとうございました。

3年前に上梓した『敏感すぎるあなたが7日間で自己肯定感をあげる方法』（あさ出版）で〝「自己肯定感」と「自分軸」は車の両輪です〟と書きました。このたとえを用いるなら、本書のメインテーマである、「自分で決める」というのは車のエンジンです。

自己肯定感は、自分らしい人生を歩む上で必要不可欠です。ただ、どれだけ自己肯定感をあげても、自分で決めない限り、前には進めません。自己肯定感をあげることで、自分で決める力がつきますが、「自分で決める」場面というのは突然やってきます。人生は川の流れのように、急に流れが速くなり、「自己肯定感をあげてから決めよう……」では間に合わないことがよくあるのです。結婚、離婚、リストラ、転職……チャンスも、危機も、突然やってきます。それが人生です。

本書をお読みいただいたみなさんは、もう自分で決められる人になっているはずです。でも、まだ少しふわふわとした、居心地の悪い感覚があるかもしれません。それは、引っ越した直後は新しい環境に慣れない感覚があるのと同じです。

そんなみなさんには、8日目以降、ぜひとも前のめりで生きていってほしいと思います。「自己肯定感をあげてから、自分で決める」のではなく、自分で決めてから、つまり自分でエンジンをかけ、前に進みながら、自己肯定感をあげていってほしいと思います。

そして、「自分で決める」を繰り返すうちに、あなたはこう思うはずです。

何も間違っていなかったんだ。

自分で決めて、前に進み始めたら、自分が何も間違っていなかったことに気づく。

実はこの感覚を味わうことが自己肯定感をいちばんあげる方法だと思っています。この感覚を味わってもらうために、長らく心理カウンセラーとして毎日カウンセリングしている、と言っても過言ではありません。

これで「自分で決められる人になる7日間の旅」は終わりますが、みなさんが、今後道に迷ったり、自信をなくしたり、したらいつでも帰ってきてください。

「自分で決める」というテーマはずっと私の頭の中にありつつ、自分なりに試行錯誤をしてきたものでした。私もなかなか自分で決められず、自分を優柔不断だと責めていた時期があり、そこから本書で紹介したようなプロセスをたどって、今ではずいぶん自分で決められる人になりました。もちろん、時には迷うこともありますが、それもまた自分らしいと受け入れ、信頼できる人たちに相談しながらひとつひとつ歩みを進めています。本書がかつての私のように「自分でなかなか決められない」と悩む方の一助になればと思い、書き下ろさせていただきました。

最後になりましたが、『7日間で自己肯定感をあげる方法』に引き続き、一緒にこの本を作ってくださったサンマーク出版の淡路くん、そして、いつも私を支えてくれる妻や子どもたち、たくさんのお弟子さんや仲間、読者のみなさまに尽きぬ感謝を申し上げたいと思います。ほんとうにありがとうございました。

二〇二〇年九月　根本裕幸

ブックデザイン　杉山健太郎
イラスト　ヤギワタル
校閲　槇一八
DTP　天龍社
編集　淡路勇介（サンマーク出版）

根本裕幸（ねもと・ひろゆき）

心理カウンセラー
1972 年生まれ。大学卒業後、SE として働くも、自己肯定感が低く、自分で決めることが苦手で、周りの評価を気にしすぎて頑張りすぎた結果、会社に行けなくなる。この時に、心理学に出会い、自分自身と深く向き合うことの大切さを痛感する。その後、カウンセラーを専業とするために会社に退職届を出すも、自信が持てず一度撤回。
結局、2000 年からプロカウンセラーとしての活動を始める。
今ではのべ 2 万人以上のカウンセリングと年間 100 本以上のセミナーを行うようになり、「自分で決められない人」だった経験を踏まえ、自分で決められる人になることの重要性を説く。自身の経験と心理学の知見を軽妙な語りで伝えるスタイルが人気で今では 3 ヶ月予約が取れない状態に。
著書には 6 万部のベストセラーになった『敏感すぎるあなたが 7 日間で自己肯定感をあげる方法』（あさ出版）などがある。

7 日間で自分で決められる人になる

2020 年 10 月 1 日　初版印刷
2020 年 10 月 10 日　初版発行

著　者　根本　裕幸
発行人　植木　宣隆
発行所　株式会社サンマーク出版
東京都新宿区高田馬場 2-16-11
(電) 03-5272-3166
印　刷　中央精版印刷株式会社
製　本　株式会社村上製本所

ISBN 978-4-7631-3856-9　C0030
ホームページ　https://www.sunmark.co.jp